保釈

理論と実務

丹治初彦［編著］

丸田 隆
春日 勉
斎藤 司

法律文化社

はしがきにかえて
　——今なぜ「保釈」を問題とするか

1　刑事弁護と保釈の位置づけ

　被疑者・被告人は，人間としての尊厳を尊重された取扱いを受けることが保障されねばならない。

　また，推定無罪の原則のもと，身体の自由が保障されるとともに，実効的な防御のための機会が提供されねばならない。

　このことは，すでに200年以上前に，フランス人権宣言の中でも規定された近代法の大原則である。この原則は，わが国の憲法31条の保障する適正手続に内在する権利として理解されるべきであり，日本も批准している自由権規約等によって国際基準となっている。

　しかし，国連の規約人権委員会が，日本政府に対して「起訴前勾留は警察のコントロール下で最大23日間可能であり，被疑者はすみやか且つ効果的な司法コントロールの下に置かれず，この23日間の勾留期間中は保釈が認められておらず，取調べの時間および期間を規制する規則が存在せず，勾留中の被疑者に助言し援助する国選弁護人が存在せず，刑訴法39条3項によって弁護人へのアクセスが厳しく制限され，取調べは被疑者の選任した弁護人立会いのもとで行われていない」と勧告して久しい。

　弁護権論の視点からみると，4つの問題点があったといえる。

　第1は被疑者国選弁護人の不存在，第2は弁護人の自由かつ秘密接見交通権の制約，第3は取調べの可視化の課題，第4が保釈制度上の欠陥である。

　第1の点について，日弁連は，1990年から当番弁護士制度を全国で実施した。この実践こそが，14年を経て，2004年5月に被疑者国選弁護制度の導入を引き寄せることとなり，立法化をみた。

　第2点について，最高裁昭和53年7月10日のいわゆる杉山判決以降，日弁連は接見交通権確立実行委員会を立ち上げ，多くの接見妨害をめぐる事件につい

はしがきにかえて

て国賠訴訟提起するとともに，会員に対してマニュアル本を無償配布するなど啓蒙活動に務めている。現場において自由な接見状況は，最大判平成11年3月24日の判決の枠を越えて落ち着いている，といえる。現在は，むしろ接見内容の秘密保護の問題に軸足が移っているが，これもいずれ解決をみるであろう。

第3点について，取調べ全過程の録画・録音，いわゆる可視化の問題は，20年以前から議論されているが，この問題が活発に検討されるようになったのは，2003年から2004年にかけてである。2007年には，取調べ可視化法案が，ともかくも参議院本会議で可決されるまでにはなったが，最終的な立法化に至っていない。理論的問題は，すでに克服されており，あとは立法化への力関係であろう（ただし，弁護人立会権は低調なままである）。

そうすると，残された重要な課題は保釈である。これはまだ手付かずであるといってよい。勾留段階で弁護人がつき，取調べの過程が，録画・録音されたとしても，虚偽の自白を防止できず，表面化されない隠れた冤罪がある。否，今も，冤罪を出している。被疑者が取調べに対して黙秘したり否認すると，罪証隠滅のおそれが推認され，保釈の許可が困難となり，その結果，長期間にわたって拘束されるのがわが国の現状である。

彼らは，この状況を回避するために，罪がないにもかかわらず，ただただ早期釈明を願って罪を認めることになる。多くの者が，そうしないと職を失い，住居を追われ，家庭が崩壊することを知っているからである。そして真実を語ることなく事件は埋没されてゆく。

「不寛容な社会」の現状が，このことに一層拍車をかけている。私はつらいことに，このような事件をいくつも見てきた。そして仮に闘いの道を選んだとしても，被告人が身体を拘束されたままでの防御の準備は困難を極める。

保釈の権利は，被疑者・被告人の防御権保障の最も重大な権利であり，当事者主義保障の要であることを再認識しなければならない。

2　今なぜ保釈か——最高裁「2つの決定」による変化

私の手元に2通の最高裁の決定書がある。平成14年7月23日決定（裁判所時報第1322号）と平成17年3月9日決定（最高裁判所判集・刑事287-203）である。いずれも，保釈却下決定についての特別抗告において，職権で原決定が取り消

され，保釈が許可された事例であって，弁護士出身の滝井繁男裁判官が関与している。

私事にわたって恐縮であるが，私が1999年度の兵庫県弁護士会会長であったときの大阪弁護士会の会長が滝井繁男先生であった。当時，いわゆる「安田事件」で安田好弘弁護士に対する原審の保釈許可が，東京高裁において何度も何度も取消しとなったことが問題となった。大阪・兵庫の弁護士会刑弁センターの強い要請を受けて，個別事案ではあったが，両方で全国に先駆けて会長声明を出し，異例の批判をした。

平成14年，17年決定はそのことが底流にあったのではないかと思われる。平成17年の決定は，被告人の大学入試が目前に迫っていたという特殊な事件で，3度目の特別抗告が認められ，多くの関係者の協力もあって受験に間に合ったと報じられた（滝井繁男著『最高裁判所は変わったか』岩波書店，2009年）。

最高裁は，少しずつではあるが変わってきたのではないか。裁判官サイドから出された，松本芳希「裁判員裁判と保釈の運用について」（ジュリ1312号131頁）や長瀬敬昭「被告人の身体拘束に関する問題(1)(2)」（判タ1300号68頁，同1301号105頁）などの論稿は，このことが背景にあるとみてよいであろう。しかし，研究者サイドからは保釈の問題を取り上げることがほとんどなかったといえる。

一方，弁護士会・弁護士サイドからは，しばしばシンポジウムのテーマとして取り上げ，近くでは2007年9月に「勾留・保釈制度改革に関する意見書」を出し，一貫して現在の保釈の運用が「人質司法」であるとの批判がなされた。しかし，その内容の柱は「立法改正」にウェイトが置かれていたといえる。日々生起する事件を通して，保釈の運用を改善してゆく努力なくして「改正」への足がかりはつかめないだろう。

3 本書の構成について

私たちは，以上のような視点に立って，保釈の問題を提起することとし，2012年の春から秋にかけて5回の勉強会をもち，自由な意見交換を行った。

第1部は，勉強会におけるわが国の保釈の立法経緯につき春日勉教授，アメリカの保釈につき丸田隆教授，ドイツの保釈につき斎藤司教授の各報告を土台としてまとめたものである。

はしがきにかえて

　勾留と保釈はいわば表と裏の関係にあるといえる。そこで，勾留と保釈の関係について理論的に見直しておきたいと考えた。勾留の問題についても多くの意見があるのはそのためである。

　第2部は，私が担当することになったが，現行法を前提として，どのように改善してゆくことができるかを狙いとして執筆した。

　保釈に関する解釈論は，昭和40年代から50年代にかけて実務裁判官によって執筆されたものが多く，その後，これらの考え方が定着して動いていない。そこでもっぱらこれまでの議論を整理したうえで，いわば「保釈の再構成」をめざしていくつかの私見を述べた。

　第3部は，勉強会のむすびにあたって，同年9月に座談会をもったが，その報告である。気楽に読んでいただければと思う。

　いずれも，充分な精査がなされておらず，未熟な内容であることは承知しているが，保釈の課題に対するささやかな提言となれば幸いである。

　最後になりましたが，本書の出版にあたってご尽力いただいた法律文化社の秋山泰氏に対して厚く御礼申し上げます。

　2013年1月

著者を代表して

丹治　初彦

目　次

はしがきにかえて──今なぜ「保釈」を問題とするか

凡例および参考文献

第1部　保釈の理論

第1章　立法過程から見る日本の保釈制度 …………春日　勉……3
▶保釈制度はどのように議論されてきたか

1　はじめに ……………………………………………………………… 3
2　勾留の理論と歴史 …………………………………………………… 5
3　旧法下における起訴前の身体拘束（勾引・勾留）………………… 6
4　旧法下での保釈制度の運用 ………………………………………… 10
5　憲法制定と保釈制度 ………………………………………………… 11
6　刑訴法制定と保釈制度 ……………………………………………… 15
7　一九五三年・一九五八年刑訴法一部改正と保釈制度 …………… 17
8　国際基準と保釈制度 ………………………………………………… 19

第2章　アメリカにおける保釈制度と手続 …………丸田　隆……23

1　アメリカにおける刑事司法制度概要 ……………………………… 23
　　1　犯罪の分類　2　逮捕手続　3　逮捕後の手続1──イニシャル・アピアランス　4　逮捕後の手続2──プレリミナリー・ヒアリング　5　被疑者取調べ　6　公訴提起──大陪審　7　公訴提起後の手続
2　保釈制度とその手続 ………………………………………………… 30
　　1　保釈制度の継受と変容　2　ニューヨーク市裁判所における保釈および保釈保証書
3　保釈制度改革の概要 ………………………………………………… 33

v

目　次

　　　　　1　連邦保釈改革法　　2　マンハッタン保釈プロジェクト

第3章　ドイツにおける身体拘束制度と保釈制度とその現状
　　……………………………………………………………斎藤　司……38
1　ドイツにおける身体拘束制度の概要と現状……………………………38
　　　　　1　ドイツの身体拘束手続　　2　身体拘束の要件　　3　勾留に
　　　　対する規制原理──無罪推定原則，比例原則
2　保釈手続と保釈要件…………………………………………………48
　　　　　1　保釈手続　　2　保釈要件と代替措置　　3　勾留の執行停止
　　　　の保証　　4　電子監視　　5　勾留の執行停止の取消要件
3　保釈手続の対審化と記録開示………………………………………52
4　勾留の執行停止のための「援助」……………………………………55
5　むすび………………………………………………………………56

第2部　保釈の実務

　　　　　　　　　　　　　　　　　　　　　　　　　　　丹治初彦

第1章　保釈の請求………………………………………………63
1　保釈の請求権者………………………………………………………63
　　　　　1　被告人　　2　弁護人　　3　被告人・弁護人以外の者
2　保釈請求の方式………………………………………………………68
　　　　　1　書面による請求　　2　口頭による請求
3　保釈請求の撤回………………………………………………………70
　　　　　1　意　義　　2　請求撤回権者　　3　請求撤回の時的範囲

第2章　保釈請求から決定に至るまでの手続……………73
1　手続の流れ……………………………………………………………73
　　　　　1　保釈請求許否の決定をする裁判所　　2　検察官に対する求意

　　　　見　　3　保釈許否の決定のための事実の取調べ
　2　弁護人の留意点 ………………………………………………………… 77
　　　　1　弁護人の「事実の取調べ」に対するアプローチ　2　検察官
　　　提出の資料の閲覧の可否

第3章　保釈の原因 ……………………………………………………… 81
　1　保釈の類型と要件 ……………………………………………………… 81
　　　　1　保釈の類型　2　保釈要件の実務　3　義務保釈
　2　権利保釈 ………………………………………………………………… 82
　　　　1　権利保釈の趣旨と範囲　2　権利保釈の要件　3　権利保
　　　釈の除外事由と余罪
　3　裁量保釈 ………………………………………………………………… 94
　4　義務的保釈 ……………………………………………………………… 95

第4章　保釈の条件 ……………………………………………………… 97
　1　必要的条件（保釈金額の決定）……………………………………… 97
　2　任意的条件 ……………………………………………………………… 99
　3　保釈条件の変更の可否 ……………………………………………… 103

第5章　保釈の決定から執行までの手続 ………………………… 106
　1　保釈の裁判書とその告知 …………………………………………… 106
　　　　1　保釈の裁判書　2　保釈の告知
　2　保釈執行の条件 ……………………………………………………… 115
　　　　1　保釈金の代納　2　有価証券または保証書による代用

第6章　保釈の失効 …………………………………………………… 119
　1　保釈の取消し ………………………………………………………… 119
　　　　1　保釈取消しの裁判手続　2　保釈取消しの事由　3　保釈
　　　取消しの決定とその告知

2 保釈の当然失効 …………………………………………… 140
   1 法343条の場合   2 法345条の場合   3 保釈保証金の没取

第7章 再　保　釈 …………………………………………… 153

1 再保釈の基準 ………………………………………………… 153
   1 制限説の問題点   2 実務運用の推移   3 再保釈を許す「特段の理由」   4 実務における再保釈請求の理由

2 保釈保証金とその流用 ……………………………………… 159
   1 保釈保証金額   2 保釈保証金の流用

第3部　保釈の課題と展望【座談会】

丹治初彦（司会），丸田隆，春日勉，斎藤司

1 保釈制度の理念と刑事手続上の位置づけ ………………… 167
2 起訴前保釈について ………………………………………… 170
3 権利保釈とその除外事由 …………………………………… 174
4 保釈決定手続——その対審化をめざして ………………… 177
5 法89条1号・2号・3号の除外事由 ……………………… 180
6 保釈条件としての保釈保証金等 …………………………… 181
7 裁判員裁判と保釈の運用 …………………………………… 186
8 おわりに ……………………………………………………… 187

凡例および参考文献

1 法　令
(1) 刑事訴訟法は，とくに断らない限り，単に法とした。旧刑事訴訟法は旧法，旧々刑事訴訟法は旧旧法となる。刑事訴訟規則は，刑訴規とし，旧規則も法と同様の表記とした。
(2) その他の主要な法令については，以下のとおり略記を用いた。

　　　　憲　　　　日本国憲法
　　　　刑　　　　刑法
　　　　民　　　　民法
　　　　民訴　　　民事訴訟法
　　　　民訴規　　民事訴訟法規則

2 判　例
(1) わが国の判例について，原則として以下のように略記した。
　　例）最決平22.12.20判時2102-160
　　［最高裁判所平成22年12月20日決定，判例時報2102号160頁］
　　ただし，保釈の判例につき，文中で最高裁決定という表記も併用している。
(2) 判例集は，以下の略記とした。

　　　　刑集　　　　最高裁判所および大審院刑事判例集
　　　　刑録　　　　大審院刑事判決録
　　　　裁判集　　　最高裁判集刑事
　　　　高刑集　　　高等裁判所刑事判例集
　　　　下刑集　　　下級裁判所刑事裁判例集
　　　　刑月　　　　刑事裁判月報
　　　　高刑判特　　高等裁判所刑事判決特報
　　　　高刑裁特　　高等裁判所刑事裁判時報
　　　　東高時報　　東京高等裁判所刑事判決時報

3 雑　誌
主要なものに限り，次の略記を用いた。

　　　　曹時　　　法曹時報（法曹会）
　　　　判時　　　判例時報（判例時報社）
　　　　判タ　　　判例タイムズ（判例タイムズ社）

ジュリ	ジュリスト（有斐閣）
刑弁	季刊刑事弁護（現代人文社）
法教	法学教室（有斐閣）

4　参考文献

本書の作成にあたって参考とした主要な文献およびその略記は,以下のとおりである。

〔概説書〕

渥美	渥美東洋『刑事訴訟法〔新版補訂〕』（有斐閣，2001年）
井戸田	井戸田侃『刑事訴訟法要説』（有斐閣，1993年）
白取	白取裕司『刑事訴訟法〔第5版〕』（日本評論社，2008年）
鈴木	鈴木茂嗣『刑事訴訟法〔改訂版〕』（青林書院，1990年）
田口	田口守一『刑事訴訟法〔第5版〕』（弘文堂，2010年）
田宮	田宮　裕『刑事訴訟法』（有斐閣，1992年）
団藤	団藤重光『新刑事訴訟法綱要〔6訂版〕』（創文社，1957年）
平野	平野龍一『刑事訴訟法』（有斐閣，1958年）
福井	福井　厚『刑事訴訟法講義〔第4版〕』（法律文化社，2010年）
松尾（上）（下）	松尾浩也『刑事訴訟法　上〔新版〕，下〔新版〕』（弘文堂，1993年，1999年）
三井(1)	三井　誠『刑事手続法(1)〔補訂版〕』（有斐閣，1995年）
三井(2)	同上　『刑事手続法(2)』（有斐閣，2003年）
光藤Ⅰ	光藤景皎『刑事訴訟法Ⅰ』（成文堂，2007年）
光藤（中）（下）	同上　『口述刑事訴訟法〔中，下〕』（成文堂，2005年）
村井	村井敏邦『刑事訴訟法』（日本評論社，1996年）
安富	安富　潔『刑事訴訟法講義』（慶応義塾大学出版会，2007年）

〔主釈書〕

刑弁コメ	小田中聰樹（編）『刑事弁護コンメンタール・刑事訴訟法』（現代人文社，1998年）
条解	松尾浩也（監修）『条解刑事訴訟法〔増補補正第2版〕』（弘文堂，1992年）
新判例コメ	高田卓爾＝鈴木茂嗣（編）『新・判例コンメンタール刑事訴訟法』（三省堂，1995年）
大コメ	河上和雄他（編）『大コンメンタール刑事訴訟法〔第2版・第2巻〕』（青林書院，2010年）
新・コメ	後藤昭他（編）『新・コンメンタール刑事訴訟法』（日本評論社，2010年）

〔講座・解説〕

| 捜査法大系Ⅱ | 熊谷弘他（編）『捜査法大系Ⅱ　勾留・保釈』（日本評論社，1972年） |
| 捜査法大系Ⅲ | 熊谷弘他（編）『捜査法大系Ⅲ　捜索・押収』（日本評論社，1972年） |

令状基本	新関雅夫他（編）『令状基本問題〔新版〕』（一粒社，1986年）
増補令状基本	同上『増補令状基本問題（上，下）』（判例時報社，2001年）
実務講座Ⅱ	団藤重光（編）『法律実務講座・刑事編〔2巻〕』（有斐閣，1957年）
実務ノートⅢ	河村澄夫他（編）『刑事実務ノート〔第3巻〕』（判例タイムズ社，1971年）
横井ノート	横井大三著『捜査・刑訴裁判例ノート〔Ⅰ〕』（有斐閣，1971年）
現代令状	『現代令状実務25講』（日本評論社，1993年）
書記官実務	裁判所書記官研修所実務研究報告書『保釈に関する書記官事務の実証的研究』（法曹会，1978年）
中島・報告	司法研究所報告，中島卓児『勾留及び保釈に関する諸問題の研究』（司法研修所，1957年）
令状事務	裁判所職員総合研修所（監）『令状事務〔再訂補訂版〕』（司法協会，2009年）

〔資料〕

刑裁資料51号	高等裁判所管内別刑事裁判官会同議事要録
同　67号	刑事手続法規に関する通達・質疑回答集
同　73号	刑事手続法規に関する通達・質疑回答集追補Ⅰ
同　85号	刑事訴訟規則の一部を改正する規則説明書
同　140号	刑事手続法規に関する通達・質疑回答集追補Ⅱ
同　165号	刑事手続法規に関する通達・質疑回答集追補Ⅲ
同　174号	令状関係法規の解釈運用について＝（上）
同　176号	令状関係法規の解釈運用について＝（下）
同　221号	刑事手続法規に関する通達・質疑回答集追補Ⅳ
同　241号	令状関係裁判例集（保釈・接見・捜索差押編）

＊巻末資料A-2のアクセス・パスワードは，hoshakuma2です。

第1部

保釈の理論

第1章
立法過程から見る日本の保釈制度
▶保釈制度はどのように議論されてきたか

1 はじめに

　基本的人権の保障，とりわけ刑事人権を重視した日本国憲法は，刑事手続における人身の自由を尊重し，身体拘束に対しては，立法権的見地から強制処分法定主義を，司法権的見地から令状主義による二重のチェックシステムを採用した。また，身体拘束を受けた場合には，弁護人の援助を受ける権利を不可欠の条件として，法廷では身体拘束を受けた理由を開示させる制度を取り入れたのである。以上のように，憲法に明記された人身の自由を保障するための諸原則により，被疑者・被告人の身体拘束は，可能な限り回避しなければならず，それが原則であってはならないこと，やむを得ず身体拘束をせざるを得ない場合にも，定められた法律の要件に照らして厳格な司法審査を経なければならないこと，身体拘束を受けた被疑者・被告人には，その不利益を十二分に補うための権利保障と，不服申立ての機会を与えなければならないという憲法の理念を読みとることができる。

　しかし，他方で法は，逮捕から起訴に至るまでの期間，23日間という他国では例を見ないほど，長期にわたり被疑者を身体拘束することを可能としている。また，逮捕・勾留の根拠・目的である「被疑者の逃亡を防止して公判への出頭を確保する」ことからはなれて，いつの間にか身体拘束期間が取調べのために捜査機関に許された猶予期間となり，身体を拘束された者の取調べ受忍義務という捜査機関独自の解釈へとつながっている。人身の自由が原則であるはずの憲法の理念から大きくかい離した実務の運用，すなわち長期の身体拘束と取調べがセットとなって，いつのまにかそれが日本の精密司法を支えてきたといわれるようになった。

　捜査のきっかけは，まずは被疑者の「自白」から，事件の解決には「自白」

は欠かせない。「自白」こそが真実を照らしだす証拠の王である，というような認識が捜査機関の間でまかりとおり，「自白」を得るためには捜査機関にとって身体拘束は不可欠の手段となったのである。犯罪の嫌疑をかけられた者は，裁判で有罪判決が言い渡され，その刑が確定するまでは無罪を推定される存在である。国際人権法上も被疑者・被告人の無罪推定原則は，刑事訴追を受けた者の最低限の権利として位置づけられているのである。こうした普遍的な原則を，憲法的なレベルまで高め，徹底しようとしたのが戦後の日本国憲法なのである。

　この無罪推定原則を実質化しようとしたのが，刑事手続における人身の自由の保障であったはずだ。それがいつのまにか実務では，原則と例外が逆転してしまった。代用監獄制度というものが事実上合法化され，法がこうした取調べを目的とした身体拘束にお墨付きを与えたのである。

　昨今，ことに強調されるようになった密室での取調べをいかに克服し，冤罪の原因といわれる虚偽の自白採取をいかに防ぐかといった「取調べの可視化」論は，実は，こうした身体拘束下の取調べを前提とした議論に矮小化されないか。言い換えれば，起訴前の段階で長期間にわたる取調べが常態化しているからこそ出てきた理論ではないのか。取調べの可視化論によって，捜査機関により得られた自白調書が，公判廷で証拠としての意義を，今まで以上に強めることにならないか。人身の自由の保障・身体の不拘束を憲法の理念としてとらえた場合「取調べの可視化」論が持つ，限界が見えてくるのである。むしろ「取調べの可視化」論をいう以前に，被疑者・被告人の身体拘束からの早期解放，人身の自由の保障をいかに成し遂げるかを議論すべきではないだろうか。

　こうしてみてくると現行法ではじめて採用されることとなった権利保釈は，単に政策的な見地より導入されたものではなく，憲法の人身の自由の原則に直接的に由来するものであるととらえることができよう。憲法的な理念であると解釈する限りにおいて，既述のように長期間の起訴前勾留を認め，他方で，起訴前の保釈制度を採用しなかった理由を立法史を紐解いて検討しなくてはならない。

　また，法89条では起訴後の権利保釈を原則としながらも，その例外を広範囲

に認めることになった。とりわけ問題になってきたのが同条4号が「被告人が罪証を隠滅すると疑うに足りる相当な理由があるとき」を権利保釈の除外事由とした点である。問題は，この4号除外事由が抽象的な「罪証の隠滅のおそれ」と同義のものとして解釈・運用されているところにある。日本の場合，もともと勾留の要件とされてきた「罪証隠滅のおそれ」の中身が定かではなく，被疑者・被告人が黙秘をしていたり，否認をしていたり，取調べに応じないことによって，「罪証隠滅のおそれ」があるとみられてきた。

さらに，勾留が被疑者・被告人の規範意識を覚醒させるとともに，反省をしない者に対しては，懲罰的に利用される手段として位置づけられてきたと言える。そのために，権利保釈の除外事由としての「罪証隠滅のおそれ」を認定する裁判所も，具体的な危険性を明らかにせず，認定内容や根拠を弁護側に示すことがほとんどされていない。しかし，この同条4号の解釈や運用を批判する以前に，この条文が憲法的な価値を持ちえるのか，考えなければならない。そのためにも，憲法が制定される以前と以後，また，憲法制定時に身体拘束の問題がいか様に議論されていたかを，改めて確認しておく必要があろう。

2 勾留の理論と歴史

捜査に伴う強制処分としての勾留は，実体的判決以前に加えられる身体拘束という性格を有しているとともに，そうした拘束が全刑事手続に重大な影響を及ぼすにもかかわらず，これまでは刑事手続の中心的課題から離れた周辺的事項と位置づけられてきた。そのため十分な議論が尽くされることなく，理論的な曖昧さを残したまま，起訴前では，法に規定された20日間の身体拘束が実務上は原則化し，被疑者の訴訟準備活動は大きく阻害されてきたといえる。

刑罰は，形式的にも，裁判所の慎重な審理を経て科せられているとの前提にたっているのに対して，推定無罪が徹底されなければならないはずの勾留は，実体的判決以前（特に捜査段階では起訴される以前）に，形骸化した司法審査によって下されており，この点を踏まえれば，適正手続が最も必要とされる重要な部分ともいえる。また，刑罰は，いかなる場合に正当化されるのかという点については，少なくとも犯罪に対する「応報」として意味を見出すことができる。

しかし，勾留には，捜査の必要性という以外に，そうした正当化原理を見出すことは難しい。しかし，刑事手続全体から見れば，周辺的事項にすぎないこの手続だが，勾留の下で行われる取調べと，そこで得られる自白，あるいは被疑者の身体拘束の間になされる強制処分たる証拠方法によって，公判での事実認定に大きな影響を与えるのである。勾留中の被疑者の拘束を強め，外部との遮断を完全にすれば，被疑者の防御権の行使は限りなく制限され，当事者主義は画餅に帰すことになる。捜査を優先すればするほど法廷に持ち込まれる自白調書は増え，伝聞証拠禁止の原則は失われることになる。

糾問主義的捜査観と弾劾主義的捜査観の対峙ということが言われて久しいが，この訴訟構造との関連で勾留をとらえればどうであろうか。糾問主義的観点より勾留を位置づければ，その目的は，取調べ，すなわち自白という証拠の採取におくことになるが，弾劾主義的観点より勾留を位置づければ，被疑者の身体拘束は，もっぱら逃亡の防止のためということになろう。したがって，逃亡のおそれが無い限りにおいて拘束は許されず，たとえ拘束されたとしても弁護人との接見交通権をはじめとする被疑者の防御権保障には，十分な配慮がなされなければならないということになる。しかし，現行刑事訴訟法の勾留規定は，図式的な勾留の理解を難しくしている。

すなわち，勾留の目的を推測させる勾留請求の理由には，弾劾主義的な「逃亡のおそれ」とともに糾問主義的な「罪証隠滅のおそれ」が併存しているからである。現行法の規定が持つ歴史的意味，言い換えれば，日本の刑事裁判の歴史の上で勾留規定が持つ客観的意味は，十分に検討されなければならないし，勾留制度の意義とその裏腹にある保釈等の規定の理解は，こうした点を踏まえて行われなければならないのである。[1]

3　旧法下における起訴前の身体拘束 (勾引・勾留)

そこで，まず旧憲法下，特に，旧法下の身体拘束の理念と現実について触れてみよう。1922年に改正された旧法は，「被告人其ノ他関係人ノ権利・利益ノ擁護」を改正の柱に掲げながら，具体的には，次のような改正が行われた。すなわち，旧々法では，捜査機関には，現行犯以外に，強制処分は認められてい

なかったが，旧法では，起訴前の捜査について，検事に予審判事に対する強制処分請求権の1つとして「被疑者ノ勾留」を与えると同時に（旧法255条），急速を要する場合には，一定の要件の下で，検事自ら，勾引状・勾留状を発することを認めたのである（旧法123条・129条）。当時，法案説明にたった政府委員によれば，検事に強制処分権限を与える根拠を「ある程度法律に権限を与えておかないと，人権蹂躙問題が繰り返しおこる」というものであったとされている。この法が捜査機関に必要な権限を与えないところに人権侵害が生ずるという論理は，実際上は，全く矛盾する論理で，かえって捜査機関の権限の拡大を許し，新たな人権侵害が起こる要因となったのである。特に，起訴前の勾留については，10日間という期間の制限が明記されていたが（旧法255条），起訴後の勾留期間については，2カ月とされ，特に必要な場合には，決定でこれを更新できるとし，勾留の期間や更新に制限を設けなかった（旧法113条）。旧法には「被疑者其ノ他ノ者ノ名誉ヲ毀損セサルコトニ注意スヘシ（旧法253条）」，「被告人ニ対シテハ丁寧親切ヲ旨トシ其ノ利益トナルヘキ事実ヲ陳述スル機会ヲ与フヘシ（旧法135条）」との規定がありながら，取調べ目的になされる勾留は，もっぱら自白獲得の手段とされ，起訴後は，勾留更新決定が無雑作に行われ，事件によっては，数年間にわたる勾留を余儀なくされる被告人もいたといわれている。

ところで，旧法下の勾留を考える場合，見逃せないのが警察官による不当拘禁である。その名を「警察犯処罰例違反を理由とする取調べのための拘留」，「行政検束」にかりて行う不当拘禁である。当時，在野法曹からは，不当拘禁の実態を批判する声が数多く挙げられた。例えば，拘留や行政検束が，争議鎮圧や選挙妨害，警察官吏に対する侮辱や反抗への復讐・懲罰・情報収集，犯罪捜査等のために横行している実態が報告された。そのため，不当拘禁の根拠となっていた「違警罪即決例」や「行政検束」の見直しを要求する動きが高まっていった。

1885年に制定された違警罪即決例は「警察署長及ヒ分署長」等が「裁判ノ正式ヲ用ヒス被告人ノ陳述ヲ聴キ信憑ヲ取調ヘ直チニ其言渡ヲ為」して即決するものとし，当該処分に対しては言渡警察署に申立書を提出して裁判所の正式裁

判を請求できるという司法審査をほとんど度外視した極めて特異な手続であり，制定当初は暫定的なものと位置づけられていた。ところが，その後，この運用は恒久化されただけでなく，犯罪捜査のために欠かせない手段と化したのである。

　すなわち，違警罪即決例による拘留は，警察の専決により身体を長期間拘束し取調べに利用できる点で捜査機関にとって最も便利な武器とされていた。そのため，この違警罪即決例の弊害は，早くから在野法曹により特に問題視され，廃止案，改正案が度々帝国議会に提出されることとなった。ついに，第59帝国議会（1930年12月〜1931年3月）にて提出された違警罪即決例中改正法律案（即決言渡結果通知義務の新設，正式裁判請求権の拡大，接見・信書の自由化）が貴衆両議院で可決成立した。これにより，捜査機関は，違警罪即決例による拘留に代わるべき，犯罪捜査のための手段を考え出さざるを得なくなり，司法検察官僚が推奨したのは起訴前の強制処分，いわゆる「裁判上の強制処分」（旧法255条）の利用である。

　一方，行政執行法に基づく行政検束も同様に，長期間の身体拘束による取調べの弊害をもたらす最たるものとして，在野法曹の強い批判の的となっていた。行政検束は，「暴行，闘争其ノ他公害ヲ害スル虞レノアル者」に対して認められていたが，犯罪捜査では，特に，思想犯の身体拘束に利用され，時間的な制約はほとんど無視されていたと言われている。たらい回し検束，ひき戻し検束，蒸返し検束が横行していた。このような事態を改善するべく，違警罪即決例の動きと並行して，行政執行法中改正法律案が帝国議会に提出されるようになる。すなわち，「釈放シタル被検束者ヲ同一理由ヲ以テ再ヒ検束スルコトヲ得ス」とする規定が度々提出されることとなったが，ついに，成立することは叶わなかった。

　以上のように，旧法下の身体拘束は，原則として，検事の請求により予審判事，区裁判所判事が行い（旧法155条），急を要する場合にだけ，検事が行う（旧法123条）となっていたにもかかわらず，判事の司法的チェックはほとんど機能しないどころか，例外が原則化し，法の認めない警察官による不当拘禁が実務の大半を占めていたのである。こうした糾問主義的観点からなされた勾留は，

治安維持法や戦時刑事特別法によって強化され，警察による不当拘禁の濫用が著しく顕著になっていくのである。1934年2月には，治安維持法の全面改正案が第65帝国議会に提出された。

　この改正案は，主に，国体変革を目的とする「思想犯取締方策」を具体化したものであった。なかでも，検事に強制捜査権を付与し，強制処分権の拡大を認めるとともに，被疑者の勾引・勾留・勾留期間延長などがその主な内容となっている。すなわち，住居不定，罪証隠滅のおそれ，逃亡または逃亡のおそれ，変名または偽名の使用の疑いのある場合で「捜査上必要アリト思料スルトキ」は，被疑者を勾引できるとし，勾引した被疑者を引致後48時間以内に訊問した後，勾留して訊問できる。勾留期間は2カ月だが，1回に限り更新できる等とされていた。その説明にたった小山司法大臣は，提案理由について，次のように発言した。[5]

　「一旦検挙致しました以上は，其の終局処分を為すまで其の身柄を拘束しておくことが絶対に必要であります，然るに現行刑事訴訟法の下においては検事が捜査を為すについて，強制の処分を必要と致しまする時は，公訴の提起前において予審判事又は区裁判所の判事に請求致しまして，僅かに十日の期間を限って被疑者を勾留することを得るに過ぎないのでありまして，到底，治安維持法の定むる結社の犯罪に対する捜査上の必要に応ずることを得ないのでありますから，本案に於きましては国体の変革を目的とする結社，及び其の支援結社，並びに私有財産制度の否認を目的とする結社に関する規定の罪にあたりまする被疑事件について，捜査上必要がある場合に於いては，地方裁判所の検事に対し，一定の条件の下に被疑者の勾引勾留及び訊問を為すことを得しむることとしたのでありまして，事情洵に巳むを得ざるに出でたる特別なる捜査手続きであります。」

　しかし，ついに，この改正案は，幾多の議論の末，会期切れとなり不成立に終わった。が，1941年2月には実現することとなった。

　また，治安維持法に関する刑事手続の動きとして，「起訴留保処分の制度」が実務では形成されていたことも無視できない。この制度は，治安維持法の被疑者についてその行状を一定期間観察したうえで起訴猶予すべきか否かを決するため処分を留保するというものであり，1932年12月より「思想犯人ニ対スル

留保処分取扱規程」により，全国で実施されるに至ったとされている。起訴留保処分のねらいが，検事の手許に被疑者を長く留めおいて，何時でも呼び出して取調べが出来るようにするために，いわゆる中間決定として留保処分を設けた点にあるといわれている。

　他方で，1941年4月には，国防保安法が帝国議会に提出され，可決された。この規定では，捜査検察機関の強制捜査権限の拡大・強化が明記された。被疑者の召喚・勾引（再度の召喚を要件としない），勾留（2カ月。1カ月ごとに更新できるが，通じて4カ月〔大審院では6カ月〕）を超えることはできない，勾留執行停止は認められるが，保釈および責付は認められないなど，起訴前の身体拘束をめぐって検事に強制処分権限が付与された。既述のように，1941年2月に帝国議会に提出された改正治安維持法でも，刑事手続の特別化として，国防保安事件の特別手続とほぼ同一の手続を設けた。改正治安維持法では，検事勾留の期間を最高，1年としたこと，予防拘禁の制度を設けたことなど，捜査のために，国防保安法より一層，被疑者の身体拘束を重視したものとなった。こうした規定に基づく，捜査機関による強制処分的運用は，1942年2月に制定された戦時刑事特別法により，より一層強化され，展開していくこととなった[6]。

　以上のような旧法の運用では，捜査の必要性という名の下に，特に，思想犯については，勾留を刑罰や保安処分の代用にしたり，更生保護施設に収容するために利用したりすることが常態化し，軽微事件についても，こらしめや，社会との隔離や，保護施設収容までの一時的拘禁を目的として勾留が行われてきたのである。

4　旧法下での保釈制度の運用

　起訴前の勾留が，捜査上の必要性という理由から安易に認められ，捜査機関にその強制処分権まで与えられていた事実を目の当たりにすると，起訴後の「保釈」という制度自体も，形骸化していたということは想像に難くない。条文には，わずかに「保釈」に係る項目がみられる。まず，旧法116条1項によれば，「保釈」については裁判所による「裁量保釈」のみ規定されている。すなわち，保釈の権利性（「権利保釈」）は否定されていたのである。被告人本人のほか，

その法定代理人・保佐人・直系尊属，直系卑属，配偶者，戸主および弁護人より，保釈の申請がなされた場合には，「裁判所は，検察官の意見を聴いて決定を為す」とされ，捜査機関側の意向がこの運用に大きく影響した。既述のように，違警罪即決例，行政検束の横行，裁判上の強制処分の法定外利用，治安維持法，戦時刑事特別法の制定により，当該制度が画餅に帰していたことはいうまでもない。保釈は極めて恩恵的になされるのみで，請求権者も限定的であったのである。

また，保釈に類するものとして，「責付」の制度がおかれた（旧法159条）。責付とは，裁判所が検事の意見を聴き，決定を以て勾留中の被告人をその他の者の責任の下で，身体を預けることである。保釈は，申立てによるものであったが，責付は職権によるものに限られた。旧法下では裁量保釈しか存在しなかったが，1943年の保釈率は25.6％であり，それ以前の10年間の保釈率の平均は12.1％である。旧法下の運用は，現行法下の運用と比較すれば，極めて制約的な運用がなされていたといえるであろう[7]。

5　憲法制定と保釈制度

戦後の刑事司法改革の重要な課題の1つは，旧法下で常態化していた捜査機関による人権蹂躙問題にどう対処していくべきかにおかれていた。

連合国軍総司令部（GHQ）では，戦前の日本の国家による恣意的な人身の自由の制約に対して強い懸念を示し，刑事手続上，訴追されることになった者（被告者）に対して手厚い権利保障をいかに確保すべきか，という点から議論がなされていた。GHQ民政局行政部の法規課長マイロ・E・ラウエル陸軍中佐は，1945年12月6日付の報告書「日本の憲法についての準備的研究と提案」（いわゆる「ラウエル・レポート」と言われているもの）で日本における民主主義的な傾向を伸長するためには，「個々の市民の権利が実効性を持って保障されていない」弊風を抑止することが必要との認識を示していた。

具体的には，裁判所が検事によって多大な影響を受けているという実態を問題視し，憲法改正案は「総司令部の承認したものでなければならないこと及び〈付属文書A 権利章典〉のような諸規定が設けられるべきこと」を条件として

示した[8]。付属文書A権利章典では，逮捕における令状主義の徹底，被告者の無罪推定とそれを実効的なものとするための弁護人依頼権，迅速かつ公開の裁判を受ける権利，二重の危険の禁止，黙秘権の保障，これらの権利が侵された場合の身体の即時解放と訴追手続の打切りは，憲法改正案に必ず含まれるべきものとしていた。さらに，1946年1月11日付で，ラウエルは「私的グループによる憲法改正草案に対する所見」と題する覚書き（いわゆる「ラウエル覚書」と言われているもの）を公表する。そこでは，以下のような指摘がなされている。

すなわち，高野岩三郎らをはじめとする知識人グループ「憲法研究会」の憲法改正草案要綱について「権利章典中に通常おかれている広汎な事項が，落とされている。例えば，刑事被告人の権利，及び法執行機関の行う取調べについての制限に関する条項は，一切省かれている」として批判したうえで，国家刑罰権の対象であることを公的に通知されることのないまま身体拘束されることのない憲法上の保障が強く要請されると述べて，この憲法的保障の実現のために，逮捕された者を公開の法廷に出席させ，拘禁理由の説明を行うことを警察に強制する，人身保護令状類似の手続が必要であるとして，ラウエル・リポートと同様の指摘を行った[9]。

GHQ案の制定に携わったラウエルは，国家によって刑事手続の対象とされた被告者に対して，逮捕の時点から弁護人と相談する権利を与え，身体拘束に対する救済手段として人身保護令状類似の手続，警察をして逮捕した被告者を公開の法廷に出頭させ，その場で身体拘束の理由に付き審理する形態を構想していた。この点でアメリカにおける予備審問の制度を模範としていたと言われている。しかし，周知のように，最終的に憲法34条の中には，予備審問手続規定は盛り込まれていない。それは，逮捕に対する準抗告（刑訴法429条1項2号）のような不服申立てを認める条文がないことにも共通している。

そこで，ラウエルの意図を端的に示せば，身体拘束する者に対して，権利保障を厚くする。特に，身体拘束の理由の開示については，人権に関する第一次試案では，「被告者及び弁護人」から，GHQ案では，「何人も」に拡大して不当な身体拘束からの救済というよりhabeas corpusの目的をより効果的に実現するための修正を行ったことにその特徴を見出すことができる。草案立案者の間

では，日本のそれまでの人権侵害の歴史を繰り返さないためには，刑事司法に関する詳細な人権保障規定が絶対的に必要であるという認識があったのである。

1946年2月7日のGHQの人権に関する第一次試案には，次のような刑事手続上の人権規定がおかれていた。「Arrest（逮捕）/search & Seizure（捜索及び差押・拘禁）/Touture:Bail（拷問・保釈）/Trial/（裁判）Ex Post Facto Laws（事後法）/Testimony: Confession（証言・自白）/Extradition（犯罪人引渡）」である。また，1946年2月13日のGHQ憲法草案では，次のような条文が示された。

　34条「No person be arrested or detained without being at once informed of the charges against him nor without the immediate privilege of counsel; *he shall not be held incommunicado; he shall not be detained without adequate cause*; and upon demand of any person such cause must be immediately shown in open court in his presence and the presence of his counsel」

ここで注視しければならないのが，「何人も逮捕または勾留される場合には，直ちに，その被疑事実を告げられ，……何人も十分な理由がなければ，勾留されない……」とされている点である。しかし，最初の政府案である日本国憲法草案「3月2日案」にこの条項は見当たらず，「3月5日案」にこれに該当する条項が登場している。その理由として，GHQより，「刑事手続に関することがらについては従来弊害の多いところであるから，マッカーサー草案に厳格に従ってもらいたい」趣旨の要望があったからだと言われている。

すなわち，「何人モ訴追ノ趣旨ヲ直チニ告ケラルルコト無ク又ハ直チニ弁護人ヲ依頼スル特権ヲ与ヘラルルコト無クシテ逮捕又ハ抑留セラルヘシ　要求アルトキハ右理由ハ公開法廷ニテ本人及其ノ弁護人ノ面前ニ於テ直チニ開示セラルヘシ」とされたが，「何人モ交通禁断者トナルヘシ」との文言は削除されていた。GHQの中では，身体拘束された者の当然の権利として外部交通権が位置づけられており，被拘禁者の身体拘束に当然に伴う「外界から遮断された状態の解消」を図るために設けられたとされる。

GHQ草案31条後段は，「身体不拘束の原則」を明らかにしたものであるといわれている。すなわち，国家が個人の人身の自由を長期間にわたって，侵害する場合には，「十分な理由」が存在することが必要であることを明示した。国

家側に高いハードルを課して，個人が国家刑罰権の対象とされて嫌疑を受けても身体拘束については必要最小限度に止めようとする意図があったのである。GHQ人権に関する小委員会第二次案までは，「自白が被疑者の面前でなされたものでない限り，効力がない」との条項が盛り込まれており，被疑者取調べの弁護人の立会いも視野に入れた運用が検討されていたのである[13]。また，GHQ人権に関する小委員会第一次案で示された「十分な理由（adequate cause）」との関わりで，日本では，旧々法72条において「罪証ヲ隠滅シ又ハ逃亡スル虞」と規定し，旧法87条において「罪証ヲ隠滅スル虞」と規定した「おそれ」に該当すると思われ，また，これらの規定と，現行法60条1項2号の勾留の要件に規定された「罪証を隠滅すると疑うに足りる相当な理由があるとき」の「相当な理由」と比較して，それよりも高度な立証の程度を要求するものといわれている。

　一方，保釈保証金に関する条文として，GHQ草案35条では，「Excessive bail shall not be required, nor cruel or unusual punishments inflicted.」，すなわち，「過大ナル保釈金ヲ要求スベカラズ又残虐若ハ異常ナル刑罰ヲスヘカラス」との規定が盛り込まれていたが，日本政府側より「わが法制としては奇妙な感じを与えるし，また，従来の実例からいって憲法に規定する必要もない」として削除の提案がなされたため，憲法改正草案からは落とされていく。第90回帝国議会貴族院にて，議員側から過重な保釈保証金の禁止について，英国大憲章やアメリカ合衆国憲法を参考にして日本国憲法の条文に挿入すべきとの意見が出されるが，政府からは「法律で以て十分にその点は予防できるだろう」，「憲法草案に決めなくとも，十分運用によるこの草案を是正していくことができようと思う」，「将来左様な不都合のことは絶対なかろうと考える，憲法草案にかような規定を設ける必要はないと存ずる」と回答がなされたとされる。

　その結果，日本国憲法36条には，過重な保釈保証金の禁止が明文で規定されなかったといわれている[14]。この点に関して，アメリカ合衆国憲法修正8条では「Excessive bail shall not be required, nor excessive fines imposed, nor cruel and unusual punishment inflicted.」との規定が存在し，これは，過大な保釈金の禁止，保釈が憲法上の権利であることを当然の前提として，過大な保釈保証金を要求して，保釈を制約することは憲法上許されないことを明らかにした規定である

と解されている。

6 刑訴法制定と保釈制度

　憲法制定過程では，戦時の国家による恣意的な人身の自由の制約に対する反省から，不当な身体拘束を避け，かつ，不当な身体拘束があった場合の救済手段について検討がなされたが，どのような場合に，国家が刑罰権の対象とされた個人を拘束できるか，いわゆる勾留理由についての十分な検討がなされなかったと考えられる。そのため，現行法60条1項は旧法の勾留理由をそのまま踏襲した形となり，住居不定，逃亡と並んで罪証隠滅も勾留の理由としたのである。それではなぜ，起訴前保釈制度が欠落することになったのであろうか。

　GHQ草案立案者は，戦前の日本の国家による恣意的な人身の自由の制約を問題視していたことから，人身の自由の保障のために憲法34条を設けたといえよう。そうだとすれば起訴されるまで保釈を認めない制度を念頭においていたということにはならない。英米法の当事者主義を前提とするならば，個人が国家刑罰権の対象とされた告発の時点から防御の主体になる。起訴の前後で防御の地位に差異を生じることはないというのが，英米法的な理解の常識とされている。それゆえ，日本の現行法のように，被疑者・被告人の区別に立って身体拘束からの救済制度を考案したことを推測すること自体に無理があると言わざるを得ない。むしろ起訴前の保釈制度は，当然視されていたのではないかとの指摘がなされているのもそうした理由からであろう[15]。

　そこで，ここでは刑訴法制定過程と保釈という観点から検討を加えたい。1946年4月，司法省刑事局別室「刑事訴訟法改正方針試案」では，「被疑者は勾留された後，いつでも，保釈，責付及び勾留の執行停止はなるべくひろく許すようにすること」として被疑者の保釈請求権が明記される。同年8月，刑事局別室「刑事訴訟法改正要綱試案」，同年10月の臨時法制調査会「刑事訴訟法改正要綱」でも被疑者の弁護権の範囲として被疑者の保釈請求権が提案される。

　GHQは，もともと死刑にあたる罪の被告人以外の者は必ず保釈を許すべきであるとの権利保釈の採用意見を述べている。死刑または無期にあたる罪を犯した場合でも，裁判所による裁量保釈を提案したのである[16]。しかし，1946年8

月の司法省刑事局内刑事訴訟法第一次案では、旧法同様、請求による起訴後の裁量保釈がおかれるに止まった。続いて同年9月の第二次案では、職権による保釈の規定を追加している。さらに10月には、「死刑又は無期刑にあたる罪を犯した場合を除いて、勾留された被告人には保釈を受ける権利がある。二　死刑又は無期刑にあたる罪を犯した場合でも、裁判所は裁量により保釈を許すことができる」とした。司法省刑事局は権利保釈制度導入はやむを得ないと考えたが、例外規定を作出するのである。

すなわち、「権利保釈」法89条4号の解釈として第三次案以降、検察側は「証拠隠滅のおそれ」による権利保釈の例外規定（保釈を許可しない裁量的な判断）を設けるよう要望することになる。第七次案では、権利保釈除外事由として「被告人が常習として同種の罪を犯したものであるとき」が加えられる。続いて第八次案では、「住居不明および保釈取消の権利保釈除外事由」を削り、代わりに、「被告人を勾留しておかなければ、審判の迅速適正を期することが著しく困難と認められるとき」を加えるとともに、再び職権による保釈規定を設けたのである。さらに第九次案以降、日本側とGHQとの協議会で、保釈許否の決定は「検察官の意見を聴かなければならない」との規定が明記され、現行法92条に生かされることになる。[17]　ここで、現行法で最もその解釈が曖昧とされ、その運用が恣意的になされているとの指摘が後を絶たない法81条4号の除外事由をめぐる議論を見てみよう。

当時の衆議院司法委員会における審議では、無罪推定が大前提であること、保釈が原則であることを確認したが、権利保釈除外事由の当初の政府案「罪証ヲ湮滅スル虞」については、旧法下で裁量保釈の除外事由にしていた「罪証ヲ湮滅スル虞」が頻繁に使用され、保釈が許されなかった多数の事例の指摘があり、「虞」を法89条4号のとおり「疑うに足りる相当な理由」に修正、この理由説明では「誰が見てもその資料に基づけば、大体罪証を隠滅すると認められる場合」であるとされたのである。[18]　つまり、「疑うに足りる相当な理由」とは、従来のような「虞」という感覚的、主観的なものから、誰が見ても罪証を隠滅するであろうと思える客観的な基準を明示したものと考えられる。憲法34条後段の「十分な理由」の理解からもそのような位置づけが求められるであろう。

そもそも GHQ の中では，個人を拘束できる勾留理由の中には，当事者主義訴訟構造を念頭において，刑事手続を規定したことから，対立当事者の一方である被告者の罪証隠滅行為の可能性を理由とする身体拘束は想定していなかった。告発手続後被告者は国家と対立関係に立ち，防御の主体となるのであるから，一定の防御活動が行われることを当然に予定しており，たとえ捜査機関にとって不利益をもたらすものであっても敵対当事者を身体拘束してまで防止するという発想はなかったのである。

現場での保釈の運用は，「罪証隠滅の相当な理由」が，拡大解釈されて抽象的な「罪証隠滅のおそれ」の意味に理解されているために，被告人が否認している，あるいは黙秘している場合には，そのこと自体が罪証隠滅の兆表として被告人に不利益に判断されている。その結果，被告人が公訴事実を争っていれば，第一回公判前の保釈はほとんど認められない。人身の自由の制約原理と公正な裁判の要請を，区別しないまま「罪証隠滅のおそれ」を身体拘束の正当化理由としたことが，被告人が保釈を求めるために真実とは異なる自白を行う原因にもなっている。そうした点から，裁判所が保釈条件をどのように設定しても，公判廷への出頭確保が困難であることを確信しない限り，被告人の身体拘束を継続すべき十分な理由があるとはいえないのである。

7 一九五三年・一九五八年刑訴法一部改正と保釈制度

1947年10月に制定された現行法は，1950年代半ばすぎから，法務省刑事局を軸に，現行法の改正作業が着手されることになる。保釈に関しては，一九五三年案を柱として，幾多の規定の見直しがなされた。すなわち，一九五三年案では，起訴前の勾留期間の問題，権利保釈制度の改廃の可否，権利保釈除外事由の拡張の可否，勾留期間の更新回数の制限の緩和などが検討事項とされたのである。また，それにあたって，内閣府による権利保釈に関する世論調査も実施された。1953年の規定の見直しの議論は以下のようなものである。

すなわち，現行法では，起訴前の勾留期間の最大限は20日であるが，改正原案は，死刑，無期もしくは長期 3 年以上の懲役・禁錮にあたる事件につき，一定の条件の下にさらに 5 日間の延長を認めようとした。これに対して，共犯そ

の他の関係人が多数であること，証拠物が多数であることが前提とされたが，死刑，無期もしくは長期3年以上の懲役・禁錮にあたる罪というのは，相当に範囲が広く，共犯その他の関係人が多数ということは，無実の者が巻き込まれる可能性が多いということだとの批判がなされた。

特に，必要的保釈に関しては，改正原案は実質と例外を逆転させるものとして批判の的となった。すなわち，89条1号を短期1年以上の懲役・禁錮まで拡張し，さらに新たな例外として，「被告人が多数共同して罪を犯したものであるとき」および，いわゆる「お礼参り」の場合を加えようとした点である。実際上も，1953年の改正以降も除外事由の拡大に基づいて保釈率が減少していくことになる。

次に，勾留期間の更新の回数制限の緩和についてである。この規定の見直しによって，短期1年以上の懲役・禁錮の事件については，何回でも勾留期間の更新が可能となったのである。勾留理由開示制度の見直しについては，84条2項中「請求者は」の下に，「書面」を加えるという重大な変更が盛り込まれたのである。憲法34条後段によれば，拘禁された場合には，本人および弁護人の出席する公開の法廷で拘禁の理由を示すべきものとされる。これは，示された理由についてその場で意見を陳述する機会を本人および弁護人に与えるという趣旨である。アメリカのヘイビアス・コーパスの手続を参考に憲法34条がつくられた経緯からそう定義されることが多い。

このことからすれば，陳述が口頭でなされなければならないことはいうまでもない。この批判から法84条2項全体を改正し「検察官又は被告人及び弁護人並びにこれらの者以外の請求者は，意見を述べることができる。但し，裁判長は，相当と認めるときは，意見の陳述に代え意見を記載した書面を差し出すことを命ずることができる」とした。しかし，当初から「相当性」の内容が不明確で，その判断がどのようになされるのか疑問が提示されていた。その他，勾留中の被告人に対して，鑑定留置が行われたときは，留置されている間，勾留は当然に執行が停止されたものとされる（法167条の2）。すなわち，勾留の期間がそれだけ延びることになる。これらの規定は起訴前にも準用されている。

他方で，1958年改正の内容はいかがだろうか。1958年の改正は，暴力事犯の

悪質化，いわゆる「お礼参り」が多発したことに伴う改正と説明された。具体的には，権利保釈外事由である現行法89条5号の改正であり，同号の「被害者その他事件の審判に必要な知識を有すると認められる者」の次に「若しくはその親族」を加え，「十分な理由」を「相当な理由」に改めたのである。対象者を広げたことと，威迫行為の程度を緩めたのである[19]。

8　国際基準と保釈制度

　最後に，国際基準という観点から，刑事手続からの身体の速やかな解放ということを考えてみたい。憲法レベルでは，GHQ草案の趣旨を条文に反映した規定を数多く盛り込むことになったが，応急措置法，現行法の制定過程，現行法の改正にあたり，戦前の刑事司法を是とする司法官僚らによる揺り戻しの動きが起こることになった。

　司法官僚らの関心は，もっぱら治安対策と検察権限の強化をどう具体化するかであった。例えば，憲法の規定をなし崩しにする刑事訴訟法の規定，強制捜査権の付与，予審廃止と公訴権の強化が挙げられる。起訴陪審制度導入への強い抵抗と起訴独占主義・起訴便宜主義，有罪判決の事実上の前倒しが刑事裁判の形骸化につながり究極の無罪率の低下をもたらした。当事者主義の導入は画餅に帰し，検察官の権限強化と証拠開示問題の棚上げで，被告・弁護側と検察側の格差を拡大した。さらに，公判陪審は頓挫し，証拠法の未整備とともに，最終的な判断は「裁判官」の自由心証に委ねられた。さらに，伝聞法則の例外規定が証拠の真実性（誤判回避の法則）から大きくかい離した検事が効率的に有罪立証するための手段とし利用された。また，国際基準では禁止されている検察官上訴制度が被告人をさらに過酷な立場へ追いやることになったのである。

　その後，政府により着手された刑訴法の改正作業も国際基準とはかい離した実務の運用にお墨付きを与えるものとなった。現行法の制定，改正の経緯をみれば，その本質が，戦前から培われてきた日本固有の刑事法という岩盤にメスを入れるものになっていないことがわかる。むしろこれまでの権力的な捜査や公判の在り方が前提となって，それを強固にするために犯罪の国際化への対応と刑事手続の国際化の偏面導入の契機となっている。現行憲法への憲法体制の

転換を、いわばカッコに入れて、刑事手続における「日本的特色」を強調しようとする動きである。

　戦後改革時に、日本国憲法を通じて、普遍的な国際基準を刑事手続に生かしていく契機がありながら、法は、検察官をはじめとする捜査機関に、国家刑罰権の積極的な適用を許す土台を作り上げたといえる。当事者主義訴訟という形式的な英米法化は、日本的な固有の刑事司法の問題点を覆い隠し、その適正な運用は当事者に委ねられ、それを監視するシステム、誤りを回復するシステムも十分ではなかった。また、戦後の刑訴法改正の動きや、犯罪の国際化・多様化を論拠とする刑事法システムの見直しは、これまで以上に日本の捜査の在り方、捜査機関の取締り権限を拡大し強固にするものであり、一連の刑事司法改革や検察制度改革等で提案され、具体化された新たな制度もこうした動きに親和性を持つと考えられる。

　このことから、現行憲法上の適正手続の保障にみる普遍的な意義と「国際性」についてかんがみれば、現行憲法の刑事手続に対する規定において、より普遍的な意義を見出し、より「国際化」への視野を広げるべきではないかという疑問がわく。「国際化」を考える際には、そこに2つの側面があることに注意すべきなのである。すなわち、犯罪化・新たな捜査手法導入を正当化するための「国際化」と、刑事手続における世界規準の権利保障を導入するための「国際化」である。残念ながら日本で語られてきた「国際化」とはあくまで前者の「国際化」にすぎなかった。すなわち、日本では、1990年代以降、国際条約などの国際的な取組みを理由にした国内の刑事立法整備は盛んに行われてきたが、各国際人権条約を国内において実施するということに関してはあまり積極的とは言い難い事態になっている。いわば「国際化におけるダブルスタンダード」である。この点で、人類の普遍的な理念としての注目される国際人権法について触れておきたい。

　保釈制度に関しては、国際人権規約9条3項が「引致後妥当な期間内に裁判を受ける権利又は釈放される権利を有する。裁判に付される者を抑留することが原則であってはならず、釈放にあたっては、裁判その他の司法上の手続のすべての段階における出頭及び必要な場合における判決の執行のための出頭が保

証されることを条件とすることができる。」として，身体拘束があくまで例外的であることの確認をする。これと深い関わり合いを持つと考えられているヨーロッパ人権条約5条3項，米州人権条約7条5項，国連被拘禁者保護原則38条および39条は同種の権利の規定をおいている。

最後に，国際社会は日本の刑事司法をどう評価しようとしているのか見てみよう。定期的に行われる国際人権B規約に基づく政府報告制度では，規約人権委員会より，起訴前保釈がないことや，長期の身体拘束についての懸念が示される。しかし日本政府の報告書では，毎回，条文の説明と，保釈率等運用の説明に止め，それまでになされてきた人権規約委員会からの改善勧告については，一切応えようとしない。[20]

特に，規約人権委員会からは，新法（刑事収容施設および被収容者等の処遇に関する法律）の下でも，代替収容制度（代用監獄）で，自白獲得目的での長期の取調べや取調べの濫用が行われる危険性が増しているとの懸念が示され，勧告として，代替収容施設の廃止か自由権規約14条所定のすべての保障の完全な遵守を確保すること，すべての被疑者に対する逮捕時からの弁護人との秘密接見交通権の保障，診療記録を含む時間関連の警察の記録にアクセスできる権利の保障，起訴前保釈制度の導入が勧奨されている点が注目される。

1) 横山晃一郎『刑事訴訟法の解釈』（中央経済社，1965年）79頁。
2) 法律新聞社編『改正刑事訴訟法精義』（法律新聞社，1922年）540頁。
3) 横山・前掲注1）82頁。
4) 末弘厳太郎「これで差支ないのでしょうか？――警察官の留置場についての渡辺司法大臣への公開状――」法律時報11月号（1930年）4頁以下等。
5) 小田中聰樹『刑事訴訟法の史的構造』（有斐閣，1986年）36頁。
6) この法改正の一連の経緯については，前掲注5）4頁以下に詳しく紹介されている。
7) 三井(2)319頁。
8) 高柳賢三他『日本国憲法制定の過程――連合国軍総司令部側の記録による――Ⅰ原文と翻訳』（有斐閣，1972年）26頁以下。
9) 同上，28頁以下。この点の詳細は憲法的刑事手続研究会『憲法的刑事手続』（日本評論社，1997年）113頁に詳しい。
10) 犬丸秀雄他『日本国憲法制定の経緯――連合国軍総司令部の憲法文書による』（第一法規，1689年）20頁以下，研究会・前掲注9）119頁以下。
11) 高柳他・前掲注8）230頁，研究会・前掲注9）268頁。

12) 佐藤達夫『日本国憲法成立史（第 3 巻）』（有斐閣，1994年）125頁，研究会・前掲注 9 ）273頁。
13) 高柳他・前掲注 8 ）213頁，犬丸他・前掲注10）212頁，研究会・前掲注 9 ）274頁。
14) 庭山英雄・山口治夫編『刑事弁護の手続と技法』（青林書院，2003年）194頁。
15) 研究会・前掲注 9 ）299頁。
16) 三井(2)319頁。
17) 同上，320頁以下。
18) 同上，323頁。
19) 同上，323頁以下。
20) 最新の自由権規約第40条に基づく政府報告（2006年）と，それに対する自由権規約委員会の最終見解（2008年）との比較は http://www.mofa.go.jp/mofaj/gaiko/kiyaku/pdfs/40_1 b _5 .pdf，および http://www.mofa.go.jp/mofaj/gaiko/kiyaku/pdfs/jiyuv_kenkai.pdf 参照。

第2章
アメリカにおける保釈制度と手続

　アメリカ合衆国（以下，「アメリカ」という）は連邦制を採用しているため，連邦および各州（特別区を含む）は，それぞれ独自に立法府，司法府および行政府を有する。そのため，刑事司法に関しても，連邦および各州がそれぞれ個別の実体法および手続法を有しており，保釈制度についてもその制度内容については，連邦および各州間によって異なる。

1　アメリカにおける刑事司法制度概要

1　犯罪の分類
　アメリカにおいては，連邦および各州ごとに犯罪類型が規定されているが，共通しているのは法定刑が長期1年を超える罪を重罪（felony）といい，法定刑が長期1年以下の罪を軽罪（misdemeanor）ということである。重罪に対する刑罰は連邦および各州間で差異があり，その最も顕著な違いは，死刑についてであり，連邦と一部の州は死刑を維持する一方で，17州は死刑を廃止している。

2　逮捕手続
　アメリカにおいては，被疑者が犯罪を行ったと認識しうる「合理的な理由」（probable cause）があれば，だれでも現行犯逮捕することができる。他方，犯罪のあったことを知らせる密告，告訴あるいは告発が捜査当局に寄せられた場合は，それなりの裏付け捜査（pre-arrest investigation）をしたうえで，その者を逮捕するだけの十分な証拠があるかどうかを見極めたうえで，逮捕を行う。警察が，ある者が犯罪を行ったと信じる合理的理由の存することを示す宣誓書面による宣誓供述書（affidavits）を治安判事に提出することで，逮捕状を得ることができ，その者の逮捕が可能となる。コモンローのもとでは，治安判事が，重罪該当犯罪が犯されたとの認識を持った時は，逮捕権限のある者に，あるいはかつては

私人にさえ，その者の逮捕の許諾を口頭で与えたこともあった。しかし現在では，治安判事による書かれた逮捕状の発布が原則であり，犯罪が目の前で行われたか，あるいは行われたと信じるに足る合理的理由のある場合のみ逮捕状なしの逮捕を認めている。したがって，無令状逮捕については，後に述べるように，その逮捕が適正であったかどうかの審査が治安判事のもとで改めて行われることになる。

捜査は，連邦事件では，連邦捜査局（FBI）によって，非連邦事件では州，市，郡の地方政府の警察等の法執行機関（以下，「捜査機関」という）に所属する法執行官（以下，「捜査官」という）において行う。裁判官に被疑者に対する告発状（complaint）を提出して令状の発付を受け，これに基づいて被疑者を逮捕することもできる（令状逮捕）が，無令状逮捕の方が広く認められている。告発状は，「重要な公訴事実の供述書である。」（Fed. R. Crim. P. 3）。この告発状は，略式起訴（information）または起訴状の発行の前の公式の起訴書状である。

他方で，重罪については，被疑者を逮捕することなく，大陪審による起訴（正式起訴）を経て，これにより発付される令状に基づいて被疑者を逮捕することもできる。したがって実務上，無令状逮捕のケースは，各州において多いが，連邦については，連邦が扱う事件は重罪が多いため，正式起訴に基づく令状逮捕のケースが多い。

3 逮捕後の手続1——イニシャル・アピアランス

被疑者を逮捕した後は，まず警察署へ連行し，住所氏名の確認（人定），写真の撮影，指紋採取，身体検査などのブッキング（身柄登録，被疑者の逮捕を記録する手続）を行った後，留置場に収容する。たいていの裁判管轄地では，軽罪に対して警察署での保釈（station-house bail という）が認められている。例えば，被疑者が更なる手続に出頭することの約束書面を提出や低額の保釈金を差し入れることで認められる。警察署での保釈金の決定は，保釈金一覧（bail schedule）によって行われる。

捜査官は，被疑者の逮捕後に，被疑者を「不必要な遅延なしに」聴聞のために治安判事（magistrate judge）の前に出頭させなければならないとされている（Fed R. Crim. P. 5 (a)）。これは，普通「逮捕後24時間以内」でなければならない。

この逮捕後の最初の出頭手続は，イニシャル・アピアランス（initial appearance）と呼ばれている（州によっては，この聴聞手続は，「最初の出頭」，「告発状についてのアレインメント」，あるいは「初期アレインメント」などと呼ばれている）。逮捕された被疑者が最初に裁判所に出頭する冒頭手続である。イニシャル・アピアランスでは，逮捕の相当理由判断のほかに治安判事から被疑者に対して，以下の点が告げられる。

① 自己に対する嫌疑ついて公式な通知を受け取る。
② 関連する憲法上保障された権利についての説明。
③ 後述の preliminary hearing（予備審問手続）の日程の設定。
④ 被疑者が困窮している場合の弁護人の指名。
⑤ 被疑者の保釈または勾留の決定。

この手続で一番重要なのは，警察が逮捕状なしで容疑者を逮捕した場合の相当理由（probable cause）の有無についての「迅速な決定」が行われなければならないことである。これは，「相当の理由聴聞」(Probable Cause Hearing)と言われ，ガースタイン対ピュー事件（*Gerstein v. Pugh*, 420 U. S. 103（1975））で求められた手続である。この点について，合衆国最高裁は「被告の逮捕の48時間以上後に開催されたガースタイン聴聞は，被疑者の逮捕が推定上不合理であるとみなす」としている（*Riverside County v. McLaughlin*, 500 U. S. 44（1991））。

②について被疑者には被疑事実の内容および黙秘権，不利益供述や取調べに弁護人の立会いを求める権利等（「ミランダの諸権利」という）の説明が行われる（ミランダ警告）。つまり，イニシャル・アピアランスにおいては，逮捕の相当理由の有無の決定と併せて弁護士依頼権の通知と付与，さらに保釈の可否が決定される。保釈の可否について，治安判事は被疑者を公判まで勾留すべきかどうかを決定することになる。この点に関する治安判事の決定は，通常以下の点についてである。

① 被疑者が必要に応じてすべての刑事訴訟手続に出頭すると確信している場合，「誓約の上」(on recognizance)での被疑者の釈放を認めることについて。
② 被疑者が必要に応じて出頭することを確保するために，指定された個人の保護下で被疑者を監護するか，または保釈金の差入れを求めることで被

疑者の釈放に前提条件を付けることについて。
③ 求められた被疑者の出頭が合理的に確保できないか，あるいはその者の釈放が他者の安全を危うくすると判断する場合，公判まで，被疑者を勾留することについて。

このように保釈については，イニシャル・アピアランスの段階でも可能であるが，プレリミナリー・ヒアリングに持ち越されることもある。というのも，イニシャル・アピアランスの段階で，弁護人は（特に国選弁護人の場合は），被疑者との打合わせは逮捕後数時間しかなく，被疑者の資力や家族関係については十分な情報が得られないからである。

イニシャル・アピアランスの手続は，連邦においては逮捕後遅滞なく（実際には逮捕と同じ日であることが多い），また多くの州では逮捕後24時間以内または48時間以内に行われなければならないとされている。さらにイニシャル・アピアランスで重要なのは，次の段階のプレリミナリー・ヒアリングの日程を早期に設定することである。

4　逮捕後の手続2──プレリミナリー・ヒアリング

大部分の裁判管轄において，イニシャル・アピアランスの後，2週間以内には「プレリミナリー・ヒアリング」が治安判事の前で開かれる（Fed R. Crim. P. 5（c））。

プレリミナリー・ヒアリングの目的は，検察官が被疑者に対して更なる刑事手続を進行することを正当化するのに十分な証拠があるかどうかの決定である。プレリミナリー・ヒアリングは，日本の公判前整理手続とは異なり対審構造の中で公開の法廷で行われる。検察当局がその証拠を提示し，弁護側に反証や反対尋問をする機会が与えられたあと，裁判官が，被疑者が犯罪を犯したと信ずる相当な理由があるかどうかを決める。もし裁判官が相当な理由を認定した場合，あるいは，若干の裁判管轄では，「一応の証明のある事件」（prima facie case）によっては，事案は更なる手続のために大陪審または事実審裁判所の手続のために保持される。この段階での保釈申請もまた可能である。しかしながら，証拠が不十分である場合，被疑者に対する嫌疑は退けられる。この手続は，さらに有罪答弁取引（プリー・バーゲニング）の機会としても使われる。

大陪審があらかじめ起訴を決定した場合には，「プレリミナリー・ヒアリング」は必要でない。「プレリミナリー・ヒアリング」はその性質上，多くの裁判管轄では，犯罪の嫌疑の疎明であるため伝聞および証拠や憲法に反する方法で得られた証拠であってもその導入が許可されている（Fed R. Crim. P. 5.1（a））。他方，この手続は，立件の根拠の弱い事件については早期に事案としての除去を確保することである。そうすることで，根拠のない告発に対して被疑者がその防御のための懸念や費用の支出をさせないようにする。
　このようにアメリカでは，起訴前段階でこれだけ裁判所が関与し，保釈機会が制度化されている。
5　被疑者取調べ
　(1)　**取調べの主体**　　アメリカにおいては，被疑者の取調べを行うのは，通常，捜査官であり，検察官は，原則として被疑者の取調べを直接行わず，法律問題等についての捜査官に対するアドバイス，後述する司法取引に向けた交渉，大陪審における起訴立証活動や略式起訴状の提出による起訴手続などを行う。
　(2)　**取調べの実施時期および所要時間**　　捜査官は，身柄拘束下で取調べを行う場合，被疑者に対してミランダ警告上の諸権利を告知し，被疑者がその権利を放棄しない限り，弁護人の立会いなしに取調べを行うことはできない。被疑者が権利を放棄して取調べに応じても，基本的にイニシャル・アピアランス時には被疑者に（公選）弁護人がつき，黙秘権行使のアドバイスがなされる。したがってこの場合でも任意の取調べができるのは，通常，逮捕してからイニシャル・アピアランス時の間に限られる。連邦事件では，取調べは，逮捕時からイニシャル・アピアランスのために裁判所に連行するまでの所要時間内であり，場合によっては2，3時間程度であることが多い。
　(3)　**取調べの目的と司法取引**　　アメリカでは，被告人が有罪答弁を行った場合，正式事実審理（trial）を経ることなく量刑（sentencing）審理に移行する。司法取引によって捜査上の協力を得ることが制度的に認められており，また，取調べ時間が限定されていることもあって，取調べの主眼は，事実の解明というよりむしろ，被疑者に対し，証拠の強さを示すことなどにより，捜査や公判

に協力する態度にさせることに力点が置かれる。

　連邦事件では，量刑は保護観察官による判決前調査報告書に記載された事実に基づいて裁判官によって判断されるため，情状に関する証拠の収集は基本的には立件のための取調べの対象とはならない。

　(4)　取調べ結果（被疑者の供述）の立証方法　　アメリカでは，被疑者の供述内容を記録することによる自白調書を中心とした供述調書を作成することは一般的ではなく，多くの場合，捜査官が被疑者の供述概要を記載した報告書の作成が行われる。この点は，日本の取調べ実務とはかなり異なる。

　公判では，捜査官が取調べにおける被告人の供述内容を証言する。その場合，被告人の供述内容の真実性を立証することを目的とするが，その証言は必ずしも伝聞証拠としては扱われず，証言には証拠能力が認められる。そのため，事実審理では，捜査段階における供述内容の立証が必要となった場合，検察官は，捜査官の証言によって供述内容を立証するのが一般的となる。

　他方，取調べによって得られた被疑者の自白の任意性については，自白した状況を総合的に考慮して判断されることとされている。この自白については，ミランダ警告を行ったうえ，被疑者がその権利を放棄したことを明らかにしたうえで，これらの説明を含めて録画時の日時とカウンター（数字）を入れたビデオテープに自白供述をとることによって「任意」であるということを示す。

6　公訴提起──大陪審

　多くの州では，プレリミナリー・ヒアリングの結果，相当理由があると判断されると被疑者は起訴され，事実審理を受ける。

　公訴提起にあたり，連邦および州においても，重罪事件については，大陪審（grand jury）による正式起訴が必要とされ，軽罪については任意的とされている。大陪審はいわば「起訴陪審」のことであり，起訴するに足るだけの証拠があるかどうかを審査する陪審である。つまり，大陪審は，検察官の要請に基づいて設置される組織であり，検察官の請求により大陪審の審査に付された事件について，罪を犯したことを疑うに足る相当な理由の存否を判断し，起訴すべきか否かを決定する。もっとも，大陪審の審理が必要的とされている連邦および州においても，原則として，被疑者が大陪審の審理を受ける権利を放棄すれば，

大陪審の審理を経る必要はない。原則として大陪審での審理は非公開で行われ，検察官が検察官側証人に質問するだけで，被告側に有利な証言や証人などは示されない。

大陪審は，16名から23名の市民で構成されている。その中の過半数以上が同意すれば起訴することができるとされているが，その構成等は州によって異なる。例えば，インディアナ州においては，大陪審の構成を6名とし，その中の5名が同意すれば起訴することができるとされている。

大陪審では，召喚令状（subpoena；「サピーナ」という）により，被召喚者に対し，出頭，証言，または書類，その他の証拠物の提出を求めることができる。被召喚者が，正当な理由なく出頭や証言等を拒んだ場合，法廷侮辱罪による処罰等の制裁を受けることがある。大陪審の審理においては，検察官は，証拠を大陪審に提出することになる。大陪審における審理の結果，起訴決定された場合には，検察官が正式起訴状（bill of indictment）を裁判官に提出する（これが「正式起訴」である）。

大陪審には，検察官が捜査を積極的にしないような事件について，独自に捜査を開始する権限が与えられている。この場合は正式起訴状の提出を経ずに告発が行われ，この告発書面（presentment）が裁判所に提出されることになる。

大陪審の審理を経ない場合，つまり先の軽罪の場合は，検察官が略式起訴状（information）を裁判官に提出することにより起訴がなされる（略式起訴）。

7　公訴提起後の手続

起訴がなされると，被告人はアレインメント手続（arraignment）に付される。アレインメント手続は，公開の法廷において，裁判官が，被告人に対し，正式起訴状または略式起訴状記載の公訴事実を告げたうえで，これに対する被告人の答弁を求める手続であり，通常，起訴から数週間以内に行われる。

アレインメント手続において，被告人が有罪答弁（guilty plea）または不抗争答弁（plea nolo contendere という。有罪は認めないが争わない旨の答弁）をした場合，公判廷における正式事実審理を経ることなく，量刑審理に移行するため，その期日が告げられる。

他方，被告人が無罪答弁（plea of not guilty）をした場合には，証拠開示等の手

続を経て，陪審または裁判官のみによる事実審理（公判）が行われ，その後，有罪の場合には，量刑審理が行われる。なお，アレインメント手続において被告人が無罪答弁をした場合でも，のちに有罪答弁または不抗争答弁に変更することが認められ，その場合，事実審理を経ることなく，量刑審理に移行する。

2　保釈制度とその手続

1　保釈制度の継受と変容

　アメリカの保釈制度は，その母国であるイギリスに起源を有する。マグナカルタまでさかのぼる歴史やウエストミンスターの制定法およびイギリスのコモンロー上は，保釈手続は，被疑者が釈放を受けるための金額やその他の財産の差入れ決定をしていたのではなく，むしろ被疑者が直面する取調べや裁判手続に出頭させるための手段として認識されていた。そのため歴史的な段階に応じて，この被疑者確保の方法は異なる形をとっていた。それは裁判官が，村または町に巡回して来た時に公判を受けるために被疑者や被告人が出頭するという宣誓によって，被疑者や被告人が司法手続に出頭することの確保のために，たとえば，その者の財産（例えば牛または他の家畜）や近しい者の財産を地元の当局者の一時的な保護下に置くことが行われていた。

　アメリカにおいても建国の初期の間にはこのような被疑者確保の方法が考えられたが，産業化が進み，人口が増え，都市化が進むと，かつてのより小規模で，より地方の社会で実行可能であった古いイングランドのような保釈の在り方は実際的ではなくなり，被疑者の出廷を保証するために現金による保釈が用いられた。そのため，求められた金額を支払うことができるものは釈放されるが，そうでない者は，未決勾留に甘んじなければならなかった。つまり必要な現金を支払う能力が，保釈か勾留かの決定要素になった。

　他方で，事実審審理前の出廷または勾留を決定するのが資力的な条件であることの強調は，民間の企業家に司法手続を商売とする機会を提供した。現金を貸し出し，それから利益を生み出すために，保釈保証人（より形式的には，Bondsmenと呼ばれる）は，通常は保釈金全体の約10％（保証料）の支払いを受けることによって全額の保証書を示し，その保釈金を自分で都合できなかった被

疑者や被告人の保釈を仲介することができた。例えば，1万ドルの保釈金を命ぜられた被疑者は，保釈保証人に1000ドルを支払い，保釈を得る。保釈保証人は保証書（bonds）をつけることによって，被疑者の裁判への出廷を保証するが，無事，被疑者または被告人が法廷に出廷すれば，保釈保証人の保証分と差入れられた10％の現金が返金される。この10％の現金が業者の収入となる。これは，被疑者の裁判への出廷のために第三者が召喚を保証する初期の習慣との意味合いから認められてきたのである。したがって，被疑者に要求される保証料を対価とすることで，理論的には保釈保証人は被疑者の保釈のために裁判所に対する義務を負うことになる。

　なお，この保釈金の借金を踏み倒して逃亡した被疑者を追いかけて捕まえるのが，保証金の50％の報酬金で請け負うバウンティ・ハンターである。保釈が認められなかった被疑者はジェイル（jail）という拘置所に収容されることになる。

　ジェイルは，地方自治体（多くはカウンティ）が運営しており，未決の被疑者や被告人や短期刑の受刑者などを収容する。そのため，カウンティ・ジェイルと呼ばれる。ジェイルを管理しているのは警察官ではなく郡保安官（sheriff）であるため，警察官はカウンティ・ジェイルに出向し郡保安官の許可を得て被疑者の取調べを行うことになる。カウンティ・ジェイルはそのためカウンティ裁判所の建物の中に設けられていることが多い。

2　ニューヨーク市裁判所における保釈および保釈保証書

　保釈により釈放が可能となる最初の段階としては，被疑者が逮捕されて警察に留置されたあと，被逮捕者が不必要な遅滞なく治安判事の面前に引致されたとき，つまり，このイニシャル・アピアランスにおいて，治安判事が保釈の可否および保釈条件を決定する。被疑者が大陪審への出頭のために拘束された時点でも，あるいは大陪審によって起訴された後にも保釈申請ができる。

　ニューヨーク市では，現金による保釈金を，被疑者の事件が進行するあいだの釈放を可能とするために1日24時間受付の拘置所に提出することができる。

　（1）　**保釈金保証書**（bail bond）　　被疑者，被告人の社会的基盤について明確な情報が裁判所に与えられ，保証証書が示されたときは，治安判事は，被疑

者，被告人をその者自身の誓約に基づいて釈放する。

　保釈保証書は，被疑者が裁判所に戻って来ない場合，裁判所に保釈金保証書の金額を支払うという保証会社のような特別な会社による約束である。保釈保証人が被疑者のために保証書を発行することに同意するときに，被疑者が裁判所に現れることを保証することに同意しているとされる。

　なお，保釈保証人（公認のニューヨーク市内の保釈保証人）は，ウェブサイトのwww.bailempire.com を訪問することで，または電話（877-367-4736）で24時間連絡することができるようになっている。

　（2）　保釈手続　　保釈申請が出され，治安判事および被告の弁護人がそれについて弁論したあと，裁判官の補充的質問があり，そのあと，「保釈金は，2000ドル以上3000ドル以下」とか，「4000ドルの現金または保釈保証書による」と申し渡すことで行われ，その支払いがあれば直ちに身柄が釈放される。

　（3）　現金保釈金と指定担保　　他方で，保釈金のカテゴリーは広く，以下の形を受け入れている。例えば，小切手（1000ドルまで），フェデラル・エクスプレス為替，米国郵便為替，トラベラーズ・チェック，会社為替，ウェスタン・ユニオン為替，保釈返済の市金融管理人発行のチェック，金銭出納係のチェックなどがあり，さらにこれらの複数の組み合わせも認められる。

　また現金以外の財産を供託物として差入れすることについても認められることがある。保釈金額が非常に高い場合に裁判が終結するまで，不動産などの財産を市に差入れすることが行われる。これは，弁護人によって要請され，検察官の同意を得て，裁判官の令状で実現される。財産差入れ提供は，保釈保証に対する現金負担を回避する方法としても有用であり，財産の差入れを打診することは例外的なことではない。

　ただし，差入れ財産が不動産の場合，その所有権関係が複雑である場合，あるいは他人が居住しているアパート等の場合，関係者やその弁護士と相談する必要がある。また，被疑者は，差入れ不動産の価格を示すために自宅の固定資産税評価額を知っていることを必要とする。これは被疑者の弁護人によって用意され，裁判所に示される。

　アレインメント手続において裁判官が現金による保釈を課す場合，現金のみ

での保釈条件は通常，理由が必要なので，弁護人は被疑者の人身保護令状をとり，基本的に保釈却下または保留について「抗告する」ことができる。これらは，しばしば成功するが，そのヒアリング（聴聞会）までに1〜3日以上の保釈遅延がありうることを甘受しなければならない。

このようなことを回避するため，多くの治安判事は，現金と併せて一定程度の保釈保証書を用意させる。たとえば，現金保釈額が5000ドルである場合，セットされる保釈保証書の額を1万ドルと1万5000ドルの間におくことがある。

軽罪（misdemeanor）の場合の一般的指針は，ゼロから5000ドルの範囲である。初犯の場合，限りなくゼロに近い。前科のある者は，それより高額となるが，軽罪のために5000ドルを越えた保釈は極めて珍しい。軽罪での被疑者が罪状認否手続のあと，ただちに被疑者の保釈を望む場合，被疑者は利用可能な（被疑者が裁判所に持ち込める余裕のある金額として）現金で1500ドルを用意することが望まれている。

最も重い重罪（A重罪）では，治安判事はしばしば保釈を認めないことがある。これはRemandと呼ばれている。たまに認めることがある場合でもその保証額は，驚くほど高い（例えば25万ドルなど）。しかし，強盗および傷害罪（重罪）の場合でも，1500ドルから2万5000ドルの範囲で保釈が行われることがある。その際に考慮されるのは，強盗の重大性，被告の年齢および前科である。重罪の前科をもつ者は，3500ドルから2万5000ドルが範囲である。

（4）　保釈十分審理（bail sufficiency hearing）　ニューヨーク市では保釈十分審理といわれる保釈聴聞（保釈ヒアリング）が開かれる。市裁判所が被疑者の保釈を受け入れる前に，保釈で差し出される現金が合法的な資源（その者が仕事や自己資産または合法的な活動に携わっている合法的に存在する預金口座からの支出であるかどうか）を有することを確認させなければならない（または，検察官が非公式に同意しなければならない）。

3　保釈制度改革の概要

1　連邦保釈改革法

（1）　1966年連邦保釈改革法　この改革法は，当時のリンド・ジョンソン

大統領によって署名されたものであるが,当時の公民権運動に触発されたものである。同法は,保釈に関して,1789年の裁判所法（Judicial Act of 1789）の規定を初めて変更するものであった。

　この法では,被疑者は,連邦裁判所での公判,証言,控訴の待機のために必要もなく勾留されることはないとし,被疑者が要請があれば再出頭することが合理的に明らかなときには死刑事件以外の犯罪においては釈放が行われなければならないこと,および裁判所は,状況に応じて,例えば,第三者の保護下での釈放,現金の保釈金支払,行動に規制を課す,などすることで,多様な釈放の方法を取ることを定めた。また,同法では,釈放条件については裁判所の審査を受ける権利のあること,および不服ある場合の控訴権も認めた。

　保釈改革の主唱者は,おもに資力に基づく保釈機能のあり方に疑いをもった。他方で,誓約（recognition）に基づく釈放は効果的であることを証明し,それをもっと広範に利用すべきであるとの意見の増大に伴って,1966年に連邦保釈制度の改革につながった。その基本理念は,「すべての者がその財産状態の如何にかかわらずに,答弁するために出頭するまでは不必要に拘禁されてはならないことを確保するために,保釈に関するこれまでの実務を改める」ことであった。

　この1966年法は,その2年後に公表された全米法曹協会（ABA）の刑事司法公判前釈放基準（Standards on Criminal Justice, Pretrial Release（1968））と並んで全米の各州の保釈に関する法制度の変更に大きな影響を与えた。

　現在,約25州がその州憲法に,死刑事件以外の犯罪における保釈権（right to bail）を保障する規定を持っている。

　(2) 1984年連邦保釈制度改革法（Federal Bail Reform Act of 1984）　1984年の連邦保釈制度改革法は,連邦検察官が,被疑者が逃亡,司法妨害または証人に対する不当威圧を行う重大な危険性があるか,または重大な危険性の可能性が高いことを証明することができた場合にのみ,裁判官は公判の前に保釈なしでその者の勾留を命じることができるとした。この場合,一定のカテゴリーに適合する者については保釈なしの勾留があるとしている。それらは,暴力犯罪,長期刑が終身刑または死刑である犯罪,最大の犯罪が10年より長期の特定の薬

物事犯，累犯的重罪犯罪者，または被疑者が，逃亡，司法妨害または証人に対する不当威圧の重大な危険性があるか，または危険度が高い者である。被告人がこれらのカテゴリーの範囲内に包含されるかどうかを決定するために特別な審理が開かれる。この立証責任は検察側にあるが，証明責任の程度は高くない。このカテゴリーの範囲内に属さないことが示されれば，保釈は認められなければならない。1984年の連邦保釈制度改革法のもとで，治安判事は，被疑者を公判まで釈放することで裁判管轄区からの逃亡や他者を危険にさらさないことを合理的に確保する必要性上から拘束のための高い条件が必要であると結論しない限り，「自己誓約」の上で，または特定された保釈金額の保釈保証書により，その被疑者を釈放することが必要とされている。しかも，治安判事は，現金による保釈の場合，被疑者の支払えないような金額の保釈金設定はできない。

2　マンハッタン保釈プロジェクト

　マンハッタン保釈プロジェクトは，アメリカですべての被疑者や被告人のために彼らの資力的事情によって不利益を受けないような事実審審理前の保釈設定のシステムを公正に実行させるために，1961年に VERA Institute of Justice によって始められた。

　VERA Institute of Justice は，ニューヨークで開始された実験的なプログラムを行う研究機関であり，当時のジョン・F・ケネディ大統領が貧困との戦いキャンペーン政策を展開したことに啓発されて，アメリカの法制度における事実審審理前の保釈設定に関する不正義を止める方法を研究し，探り出すために活動を始めた。アメリカでは，経済的困窮者が保釈制度の求める金銭的条件に見合わないことがしばしばあるという点で，保釈システムの不当性が認識されていた。特にニューヨーク州では，拘置所の収容者の過密状態を招き，またそれが直接的あるいは間接的原因となって拘置所内の暴動を起こしたことがあった。同プロジェクトは，このような問題を背景にもっていた。

　VERA Institute of Justice は，1961年より前には，軽犯罪の容疑であっても保釈金を支払うことができないという理由で，長期間，拘置所で未決勾留を余儀なくされることが多い点を報告している。この調査で明らかにされた問題は，実際の刑期ではあり得ないような過密で劣悪な拘置所の環境下で，被告人が拘

留されたまま置かれるという状況についてであった。

　マンハッタン保釈プロジェクトの職員は，集中的に被告人らのグループと直接面談を行い，それによって被告人らから提供された現状の改善について裁判官に勧告を行うなどしている。VERA Institute of Justice は，各被告人について発見された個人別情報をスコア化するという方法を取った。その結果，このスコアが高ければ高いほど，事実審理前に釈放された場合，被告人が逃走する機会がより少ないことを明らかにした。

　マンハッタン保釈プロジェクトの一部として，ニューヨークの地域社会と顕著なつながりを有するとみなされた被告人らの実験グループは，求められた期日に出頭するとの書面の誓約を交わすことで釈放された。その結果，彼らは，従来の金銭による保釈制度によって保釈された者と比べて，2倍の高さで第一回期日への出頭率を示した。マンハッタン保釈プロジェクトの経験は，社会との高い結びつきを持つ被疑者や被告人の場合は公判への出頭について高い信頼性があることを示した。したがって，「被告人の背景に関するきめ細かい調査は，被告人の保釈金支払能力以上に信頼しうる公判前釈放の基準であるということについて充分な証明を提示している」といわれる。こうしてマンハッタン保釈プロジェクトは，大幅に拘置所の過密状態を減らし，州の矯正局の予算から約100万ドルを節約したと VERA Institute of Justice は，報告している。

　1961年のマンハッタン保釈プロジェクトの導入の後に，すぐに36州の裁判管轄がマンハッタン保釈プロジェクトに基づいた保釈プロジェクトを導入した。1974年には英国政府内務局は，マンハッタン保釈プロジェクトに基づいた事実審審理前の全国的システムを作成するために，VERA Institute of Justice と協働した。まさにアメリカ法の母国であるイギリスがアメリカから保釈制度を学び実践している訳である。

　このように，マンハッタン保釈プロジェクトは，アメリカ以外の事実審審理前の保釈制度にいまもなお継続的な影響力を有している。

【参考文献】
Marc L. Miller and Ronald F. Wright, Criminal Procedures: Cases, Statutes & Executive

MATERIALS, 4th Edition (Aspen, 2011).
YALE KAMISAR, WAYNE R. LAFAVE, JEROLD H. ISRAEL, NANCY J. KING, ORIN S. KERR, EVE BRENSIKE PRIMUS, MODERN CRIMINAL PROCEDURE: CASES, COMMENTS and QUESTIONS, 13th ed. (West, 2012).
DAVID N. ADAIR, JR. THE BAIL REFORM ACT of 1984 (3rd. ed.) (Federal Judicial Center, 2006).
A SHORT HISTORY OF VERA'S WORK ON THE JUDICIAL PROCESS (Vera Institute of Justice, 2003).
Larry Laudan and Ronald J. Allen, *Symposium on Criminal Procedure: I. Innocence: Deadly Dilemmas II: Bail and Crime*, 85 CHI.-KENT L. REV. 23 (2010).
Jonathan Zweig, Note: *Extraordinary Conditions of Release under the Bail Reform Act*, 47 HARV. J. ON LEGIS. 555 (2010).
Ariana Lindermayer, *What the Right Hand Gives: Prohibitive Interpretations of the State Constitutional Right to Bail*, 78 FORDAM L. REV. 267 (2009).
木本強「アメリカ保釈制度の考察」早稲田法学会誌23号（1973年），65-101頁。
竹村仁美「日本と国際刑事裁判所における検察官の裁量」九州国際大学法学論集，第15巻3号（2009年）177-241頁。
青木孝之「アメリカの刑事手続素描（1）―ミシガン州ウエィン郡の実務を題材に」駿河台法学，24巻1・2合併号，（2010年）334頁。

【CASES】
Carlson v. Landon, 342 U.S. 524 (1952).
Schall v. Martin, 467 U.S. 253 (1984).
Stack v. Boyle, 342 U.S. 1 (1951).
U.S. v. Edwards, 430 A.2d. 1321 (1981).
U.S. v. Salerno, 481 U.S. 739 (1987).
Coleman v. Alabama, 399 U.S. 1 (1970).
Gerstein v. Pugh, 420 U.S. 103 (1975).
Goldsby v. United States, 160 U.S. 70 (1895).

性 **第3章**
ドイツにおける身体拘束制度と保釈制度とその現状

1 ドイツにおける身体拘束制度の概要と現状

1 ドイツの身体拘束手続

　ドイツの身体拘束制度は，日本のような逮捕前置主義を採用していない。ドイツにおいては，原則として身体拘束は裁判官が事前に発付した令状（勾留状）により行われるべきという日本と同様の考え方を前提としている。具体的には，ドイツの身体拘束は，裁判官が発付した勾留状による身体拘束から開始される原則的な手続と，緊急の場合に捜査機関による無令状逮捕から開始される例外的な手続からなる。以下，この両手続の流れを概観する。

　まず，原則的な手続を概観しよう。この手続は，裁判官が発付した勾留状によって，被疑者を身体拘束（日本における令状逮捕）し，遅滞なく管轄裁判所（勾留状を発した裁判官）に引致し，身体拘束後遅くとも翌日中に裁判官による尋問（日本における勾留質問）を経て，身体拘束するかどうかの判断（日本における勾留の裁判）を裁判官がするというものである。具体的には，以下のように手続は進められる（図1参照）。

① 裁判官は，被疑者・被告人について「濃厚な嫌疑」（Dringend Verdächt）に加えて，逃亡の危険や罪証隠滅の危険などの勾留理由（ドイツ刑訴法112条・112条a，以下ドイツ刑訴法は「ド刑訴」という）が存在すると判断した場合，勾留状を発付することができる（ド刑訴114条1項）。捜査段階においては，原則として検察官による請求を前提として勾留状が発付される（ド刑訴125条・128条）。

② この勾留状には，「被疑者・被告人の氏名」，「濃厚な嫌疑の対象となる犯罪事実，犯行の日時及び場所，行為の法律的特徴並びに適用すべき罰条」，「勾留理由」，「犯罪の濃厚な嫌疑及び勾留理由を示す事実」が記載されな

図 1　原則的な手続の流れ（令状による身体拘束）

① ・② 裁判官による勾留状の発付（ド刑訴114条）

　　　　↓

③ 勾留状に基づく身体拘束と勾留状謄本の被疑者への交付（ド刑訴114条 a）

　　　　↓

④ 書面による権利告知（ド刑訴114条 b），親族及び信頼する者へ通知する機会の付与（ド刑訴114条 c）

　　　　↓

⑤ 身体拘束後遅くとも翌日中に裁判所への引致，その引致後遅くとも翌日中に裁判官による尋問（ド刑訴115条・115条 a）

　　　　↓

⑥ 勾留状を維持するかどうかの判断（ド刑訴115条・115条 a），勾留状執行の猶予（ド刑訴116条）や取消しの判断（ド刑訴120条）

けらねばならない（ド刑訴114条2項）。このうち，「犯罪の濃厚な嫌疑及び勾留理由を示す事実」は，勾留理由を具体的なものとし，被疑者・被告人側への情報開示機能も担保するものであり，重要視されている。勾留理由については後述の「身体拘束の要件」で，情報開示機能については後述の「保釈手続の対審化と証拠開示」において詳細に検討する。

　③　この勾留状の謄本が，当該勾留状を用いた身体拘束の際に，被疑者・被告人へと交付されなければならない（ド刑訴114条 a）。

　④　被疑者・被告人を身体拘束した場合，遅滞なく，その後の手続に関する情報や権利に関する告知が書面によって行われなければならない[1]（ド刑訴114条 b）。さらに，親族や信頼する者へ通知する機会も与えられなければならない（ド刑訴114条 c）。

　⑤　身体を拘束された被疑者・被告人は，その身体拘束後遅滞なく管轄裁判所の下に引致され，身体拘束後遅くとも翌日中に裁判官による尋問が行われなければならない（ド刑訴115条）[2]。この尋問においては，被疑者・被告人に対し，被疑者・被告人にとって不利益な事情を陳述する・しない権利が存在することが告げられ，犯罪の嫌疑および勾留理由について弁解し，自己に有利な事実を主張する機会が付与されなければならない（ド刑訴115

⑥　尋問をした裁判官が，勾留を維持すると判断した場合，被疑者・被告人に対し抗告する権利やその他の法的救済手段（勾留審査〔ド刑訴117条・118条〕，勾留執行に関する不服申立て〔ド刑訴119条・119条 a〕）について教示しなければならない（ド刑訴115条・115条a）。尋問した裁判官は，勾留状執行よりも緩やかな処分で勾留の目的と達成できると判断した場合は「勾留状執行の猶予（Die Aussetzung des Vollzugs eines Haftbefehls）」（ド刑訴116条）を，勾留理由が存在しないと判断したときは勾留状の取消し（ド刑訴120条）の判断を行う。この勾留状執行の猶予が，本稿の主な検討対象であるドイツの「保釈」にあたるものである。

　これに対し，例外的な手続は，捜査機関による仮逮捕（ド刑訴127条）によって開始される。具体的な手続の進行は以下の通りである（図2参照）。

ⅰ　「現に罪を行っているときに捕捉され，又は追跡された者について，逃亡の危険があるとき，またはその身元がただちに確認できないときは，何人も，裁判官の命令なしに，その身体を仮に拘束することができる」（ド刑訴127条1項）。また，これ以外の場合にも，勾留状の要件が存在し，緊急を要する場合には，捜査機関は仮逮捕の権限を有する（ド刑訴127条 b は公判出頭確保のための仮逮捕も捜査機関には認めている）。

ⅱ　この仮逮捕については，ドイツ刑訴法114条 a から114条 c の権利や機会が保障されなければならない（ド刑訴127条4項）。

ⅲ　この仮逮捕された被疑者・被告人は，「速やかに，遅くとも拘束の翌日までに，拘束した地を管轄する区裁判所の裁判官の下に引致」されなければならない（ド刑訴128条）。

ⅳ　裁判官は，刑訴法115条3項に従い，引致された者を尋問しなければならない。

ⅴ　尋問の結果，裁判官が，身体拘束の理由がなく，又はその根拠が消滅したと考えた場合は，釈放を命じる。それ以外の場合は，検察官の請求または検察官と連絡が取れないときは職権で，勾留状を発する（ド刑訴128条2項）。勾留状を発付した場合には，抗告権その他の法的救済手段に関する

図2　例外的な手続（無令状逮捕によって開始される手続）

ⅰ 私人や捜査機関による仮逮捕（ド刑訴127条・127条b）
　　↓
ⅱ 権利や機会の告知及び保障（ド刑訴127条4項・114条a～c）
　　↓
ⅲ 遅くとも翌日までに裁判官の面前へ引致（ド刑訴128条）
　　↓
ⅳ 裁判官による尋問（ド刑訴128条・115条3項）
　　↓
ⅴ 裁判官による身体拘束の判断（ド刑訴128条）
　　↓
ⅵ 勾留状を維持するかどうかの判断（ド刑訴115条・115条a），勾留状執行の猶予（ド刑訴116条）や取消しの判断（ド刑訴120条）

告知（刑訴115条4項）がなされる（ド刑訴128条2項）。

ⅵ　その後の手続の流れは，原則的な手続における身体拘束後と同様である。

以上の手続のうち，勾留状が執行されたとき（原則的な手続では勾留状により身体が拘束された場合〔ⅰⅱ〕，例外的な手続では勾留状が発せられ拘束された場合〔ⅵ〕）には，弁護人の関与が必要的とされている（ド刑訴140条4号）。起訴前手続においては，裁判所が，遅滞なく国選弁護人を選任しなければならない（ド刑訴141条3項）。この規定や，上記のドイツ刑訴法114条a～cなどは，2009年未決拘禁法（刑訴法上の未決拘禁部分に関する改正法。未決拘禁執行については州の権限とされている）によって導入されたものである。同法は，ヨーロッパ人権裁判所の判例など国際人権法の要請を満たすよう刑訴法の未決拘禁部分を改正したものであった。同法により，未決拘禁の執行や被疑者・被告人，弁護人の情報権に関する改正もなされている。その詳細については，後述する。

以上のような身体拘束手続は，どの程度の期間を想定して行われるのかも確認しておこう。日本では，起訴前と起訴後の身体拘束が区別され，その期間もそれぞれ別に規定されている。これに対し，ドイツにおける身体拘束期間は，起訴前と起訴後の区別が設けられておらず，起訴前と起訴後とを通じて原則6カ月以内とされている（ド刑訴121条1項）。

統計で確認すると、6カ月以上身体拘束されている者はそれほど多くない。2010年に勾留下にあった者2万6967名（うち交通事犯による勾留は267名）のうち、1カ月以下の勾留期間の者が7174名（26.6％）、1～3カ月が6222名（23.2％）、3～6カ月が7152名（26.7％）、6～12カ月が4961名（18.5％）、そして12カ月以上が1458名（5.4％）であった。6カ月以内の勾留期間が76.5％を占めていることがわかる。近年のドイツにおける勾留期間は、1カ月以下の勾留の割合が減少し、他方で3～6カ月の割合が増加し、それ以上の期間の割合も微増していることから、やや長期化の傾向にあるとされる。

また、ドイツにおける刑事手続上の身体拘束を受けている人数は減少傾向にある。2003年11月30日の時点での勾留を執行されている者は1万6785名だったのだが、徐々に減少し2010年11月30日の時点では1万781名となっている。

以上が、ドイツの身体拘束手続の概要である。日本との比較でまず注意すべきなのが、勾留判断に先立つ身体拘束（日本における「逮捕」）が裁判官の面前への引致行為であることが明文で規定されていることである。そして、その引致は、身体拘束後遅くとも翌日中に終了されなければならないとされている。これらの規定は、ドイツ基本法104条2項および3項の規定を受けたものである（さらにヨーロッパ人権条約6条4項）。このような憲法上の要請を受け、警察署への留め置きは、直ちに裁判所へ引致できない場合などやむを得ない場合に限られることになり、身体拘束状態を利用した取調べは基本的に想定されないことになっているのである。

他方で、裁判官や検察官には、被疑者からの供述獲得や被疑者を目撃証人と対質することなどを目的とした「勾引」が認められている（ド刑訴133条以下、刑訴163条a第3項）など。具体的には、裁判官や検察官は、正当な理由なく出頭しない場合に、「勾引する」旨の警告を付した召喚を行うことができ、この召喚に応じない被疑者に自身の裁量で勾引命令を発することができる。

もっとも、ドイツの実務においては（も）、被疑者の取調べは、原則として警察官によってまず行われる。警察官に対しては、取調べのための勾引権限は明文で認められていない。裁判官や検察官は、勾引命令によって被疑者の自由を制限した時点から、その翌日の24時までには被疑者を釈放しなければならな

い（ド刑訴135条2文）。また，その期限前に，取調べが終了した場合には，検察官の請求により（緊急の場合には，裁判官の職権により），勾留状や収容状（ド刑訴126条a）が発せられない限り，直ちに被疑者を釈放しなければならない。これに加えて，被疑者があらかじめ黙秘権行使を表明して，出頭を拒否した場合は勾引することは許されないという実務がドイツでは定着している。[12]また，勾引後の取調べ中に，被疑者が明確に「被疑事実について供述したくない」とか「黙秘権を行使する」と述べた場合は，その時点で取調べや身体の拘束は直ちに終了されなければならない。[13]このように，ドイツでは，取調べなどを目的とする身体拘束も，黙秘権の実効的な保障を前提としたものとして構築されている。

2　身体拘束の要件

ドイツ刑訴法112条1項は，被疑者・被告人が罪を犯したと疑うに足りる「濃厚な嫌疑」があり，以下の勾留理由が特定の事実に基づき認められる場合（ド刑訴112条2項）に，被疑者・被告人を勾留することができるとする。すなわち，①「被疑者・被告人が逃亡し，又は潜伏しているとき」（ド刑訴112条2項1号），②「当該事件の諸事情を考慮すれば，被疑者・被告人が刑事手続を免れる危険があるとき（逃亡の危険（Fluchtgefahr））」（ド刑訴112条2項2号），③罪証隠滅が強く疑われ，それゆえに真実の発見を困難ならしめる危険があるとき（証拠方法を破壊・変造・持ち去り・隠匿・偽造，共同被疑者・被告人・証人・鑑定人に不当な方法で影響を与える，第三者に前記のような行動をさせる行為）（ド刑訴112条2項3号），④上記の勾留理由が存在しない場合でも，特定の重大事件について濃厚な嫌疑が存在するとき（ド刑訴112条3項），⑤性的虐待，騒乱や重大な傷害・窃盗・強盗・詐欺・放火，麻薬犯罪などの特定の犯罪を反復または継続して犯したことについて濃厚な嫌疑が存在し，かつ特定の事実によって，当該犯罪の有罪判決確定前に同種の重大な罪を犯し，または犯罪を継続する危険があり，その危険を防止するために勾留が必要と認められるとき（ド刑訴112条a第1項），である。以上の要件や後述する保釈理由や代替措置についてまとめたものが表1である。

上述のように，ドイツでは，2万6967名（道交法違反も含む）に対し勾留が執行されている。これは，同年の被疑者・被告人103万4868名の約2.6％にあたる。次に，勾留理由の割合を確認すると，①②逃亡・逃亡の危険を理由として勾留

表1　ドイツにおける勾留理由と保釈理由，代替措置

根拠条文	勾留理由	保釈の理由	代替措置
①112条2項1号	「被疑者・被告人が逃亡し，又は潜伏しているとき」	特に明文の規定なし	特に明文の規定なし
②112条2項2号	「当該事件の諸事情を考慮すれば，被疑者・被告人が刑事手続を免れる危険があるとき（逃亡の危険（Fluchtgefahr））」	より緩やかな措置で勾留目的を達成できると期待すべき十分な理由があるとき	a「定められた日時に，裁判官，刑事訴追官庁又はこれらの者の指定する官署への連絡すべき旨の指示」(116条1項第1号) b「裁判官又は刑事訴追官庁の許可を受けないで住所，居所又は特定の地域を離れてはならない旨の指示」(第2号) c「特定の者の監督下でなければ住居を離れてはならない旨の指示」(第3号) d「本人またはその他の者による相当な担保（Sicherheit）の提供」(第4号) e a〜d以外の適切な条件
③112条2項3号	罪証隠滅が強く疑われ，それゆえに真実の発見を困難ならしめる危険があるとき	より緩やかな措置で勾留の執行よりも罪証隠滅の危険を著しく減少させられると期待すべき十分な理由がある場合	「特に」共同被疑者・被告人・証人・鑑定人と接触してはならない旨の指示が考慮される（116条2項）
④112条3項	①〜③の勾留理由が存在しない場合でも，特定の重大事件について濃厚な嫌疑が存在するとき	特に明文の規定なし	特に明文の規定なし
⑤112条a第1項	特定の犯罪を反復又は継続して犯したことについて濃厚な嫌疑が存在し，かつ特定の事実によって，当該犯罪の有罪判決確定前に同種の重大な罪を犯し，または犯罪を継続する危険があり，その危険を防止するために勾留が必要と認められるとき	被疑者・被告人が一定の指示を遵守し，かつ，これによって勾留の目的が達成されると期待すべき十分な理由があるとき	特に明文の規定なし

されている者が2万4625名（91％），③罪証隠滅の危険を理由とする勾留が1842名（6.9％），④特定の重大事件の濃厚な嫌疑を理由とする勾留が401名（1.5％），⑤再犯の危険性を理由とする勾留が1433名（5.4％）（うち，性犯罪の再犯の危険を理由とする者は359名）である（2つ以上の勾留理由によって勾留することも可能である）[14]。

　以上のように，ドイツの身体拘束の現状の特徴は，被疑者・被告人が勾留される割合が低いこと，勾留全体のうち逃亡・逃亡の危険を理由とする勾留の比率の高さが際立っていることだといえる。その理由としては，勾留理由は特定の事実によって認定されなければならないことが挙げられる。すなわち，逃亡の危険は特定の事実により認定が可能であるのに対し，罪証隠滅の理由は，特に捜査開始時は具体的な証拠も存在しないので特定の事実に基づき認定できないと説明されるのである[15]。

　このような説明からも明らかなように，ドイツ刑訴法は，身体拘束の根拠たる嫌疑や勾留理由には具体的な根拠を求めている。まず，「罪を犯したと疑うに足りる濃厚な嫌疑」は，公判手続開始の要件である「十分な嫌疑（Hinreichender Verdächt）」に比べ高度の嫌疑としてとらえられている[16]。もっとも，「十分な嫌疑」は終結した捜査結果を基礎として判断されるのに対し，「濃厚な嫌疑」は流動する捜査の状況を基礎とせざるを得ないので，「濃厚な嫌疑」は「十分な嫌疑」[17]が確実に存在することを「常に」前提とする「より高度の嫌疑」を意味しているわけではないとされる[18]。少なくとも捜査が終結した公訴提起の時点では，この「濃厚な嫌疑」は「十分な嫌疑」に比べ高度な嫌疑となっていなければならないことを意味するとされている[19]。この「濃厚な嫌疑」は，被疑者・被告人が行為者あるいは共犯者である蓋然性が高いことが，単なる推測ではなく，記録や証拠によって示される具体的事実によって認定されなければならないとされる。

　さらに，ドイツ刑訴法112条2項や112条a第1項が要求する「特定の事実に基づ」いた勾留理由についても，単なる推測では不十分であり，具体的な根拠が要求されている。特に罪証隠滅の危険との関係では，被疑者・被告人の態度や人間関係，生活状況によって示される事実によって根拠付けられなければな

らないとされる[20]。それゆえ，捜査がまだ終結していないこと[21]，共犯者が逃亡中であること[22]，事件の被害者がまだ発見されていないことなどの事情[23]は，被疑者・被告人本人と無関係な事情は勾留の理由とはならない。この点で重要と思われるのは，被疑者・被告人の行動は，訴訟法に反するものでなければ，勾留理由を構成しないとされていることである。すなわち，黙秘や否認[24]，自白の撤回[25]，共犯者を挙げることの拒否[26]，アルコール検査の拒否[27]，証人への不当でない接触[28]などは，罪証隠滅理由に該当しないとされている。

また，④との関係では，後述する比例原則との関係を踏まえて，同項に該当する場合であっても，勾留理由の存在は必要であると解されている。もっとも，逃亡の危険や罪証隠滅の危険が，特定の事実に基づいて認定される必要は必ずしもないという点で，①②③と異なるとされている[29]。

3 勾留に対する規制原理──無罪推定原則，比例原則

最後に，勾留に対する規制原理を確認する。この規制原理として，まず挙げられるのが，比例原則（Verhältnismäßigkeitsgrundsatz）である。ドイツ連邦憲法裁判所は，刑事手続における当該原則の意味について，投入された刑事訴追上の手段が，そこから発生した関係者に対する基本権侵害を考慮して，当該手段により達成される法益保護と適切な関係にあるかどうかを検討するものであるととらえられている[30]。そして，これを個人の自由を侵害する国家の処分である勾留との関係で考えると，無罪を推定される者の自由権と実効的な刑事訴追という利益のもので暫定的に拘禁する必要性との間における衡量が求められることになる[31]。具体的には，当該処分の「公益性」，「目的適合性」，「必要性」，「相当性」（侵害性と公共性の比較考量）が考慮されるべきであると判示されている[32]。それゆえ，勾留は，十分な根拠と他の方法では目的達成が困難であるという例外的場合にのみ可能であるとされている。勾留が「特別犠牲（Sonderopfer）[33]」とか「最終手段としての未決拘禁」とされるのは，このような意味においてである。

ドイツ刑訴法には，このような比例原則の要請を明文化した規定が存在する。ドイツ刑訴法113条1項は，「6カ月以下の自由刑又は180日以下の日数罰金にあたる事件では，罪証隠滅を理由に勾留状を発付することはできない」とする。さらに，同条2項は，逃亡の危険についても，「前に刑事訴追を免れたことが

あるとき，若しくは逃亡の準備をしたとき」（1号），「本法の適用地域内に定まった住居若しくは居所を有しないとき」（2号）「その身元を証明することができないとき」（3号）の場合に限定される。上記のような軽微な事件における勾留は，原則として比例原則を満たすものではなく，例外的に強い必要性を根拠づける要素がない限り正当化されないことが示されている。

　この比例原則とも関連するが，近年，ドイツでは，ヨーロッパ人権裁判所や連邦憲法裁判所の判例などを通して，迅速性の原則（Beschleunigungsgrundsatz）と身体拘束との関係が注目されている。連邦憲法裁判所は，有罪判決を受けていない被疑者・被告人の自由権は，刑事訴追に必要かつ合目的的な自由の制限と調整可能なものとして対置されるが，その調整においては，その自由権の重要性は，勾留が長くなればなるほど，刑事手続の利益に比して増大していく，と判示している。[34]さらに，連邦憲法裁判所によれば，迅速性の原則は，比例原則の一部として，手続期間が長期化すればするほど，重要性を増していくとされる。[35]そして，行為の重大性やそこから導かれる予期される刑罰の重さのみでは，重大な，回避可能で，かつ国家に帰属可能な手続遅延（さらには勾留の長期化）を正当化しえない，とされている。[36]以上のように，連邦憲法裁判所は，迅速性の原則を，勾留を行うかどうかだけでなく，どの程度の期間で勾留を行うかをも規制する原理としている。手続遅延につながる司法機関の回避可能であった過失は，勾留期間の継続を阻害するものとされ，裁判所や検察，あるいは警察における人的資源の不足は勾留の長期化を正当化するものではない，とされている。[37]そして，迅速性の原則違反は，勾留取消しを導くというのが連邦憲法裁判所の判例である。迅速性の原則性違反かどうかは，例えば，事件の複雑性，事件に関係する者の人数あるいは弁護側の対応などを総合評価して行われる。[38]

　勾留を規制する原理としては，さらに無罪推定原則（ヨーロッパ人権条約6条2項）が挙げられる。無罪推定原則は，自由刑とその効果において匹敵する刑罰を先取りした処分を被疑者・被告人に科すことを禁止すると理解されている。それゆえ，勾留における自由剥奪を超えた制限は，可能な限り最小化されなければならないとされる。このことからもわかるように，無罪推定原則は，勾留の執行を規制するものであると理解されている。この点，近年，特に注目

されているのが，被勾留者に対する援助である。具体的な内容は後述する。

2　保釈手続と保釈要件[39]

1　保釈手続

　上述のような手続により勾留の執行が開始された後，被疑者・被告人は当該勾留に対し，勾留審査（Haftprüfung）の請求や勾留に対する抗告（ド刑訴304条）ができる。ただし，勾留審査請求と並行して抗告を申し立てることはできない（ド刑訴117条2項）。

　勾留審査の請求は，勾留の執行開始後いつでも可能である。そして，この勾留審査は，被疑者・被告人による，勾留の取消しまたは勾留の執行停止に関する審査の請求によって開始される（ド刑訴117条1項）。さらに，勾留審査は，書面による審理も可能であるが，被疑者・被告人または弁護人による請求によって，口頭による審理もできる。この審理の結果，裁判官は，勾留を維持すべきとの判断のほか，勾留の執行停止（ド刑訴116条）あるいは勾留の取消し（ド刑訴120条）を判断する。このうち勾留の執行停止が，日本における保釈にあたるものであることは上述の通りである。

　勾留の執行停止に関する管轄は，公訴の提起前は勾留命令を発した裁判官が有する（ド刑訴126条1項）。公訴提起後の管轄は，受訴裁判所にあるとされる（同2項）。勾留の執行停止決定に対して，検察官は抗告することができる（ド刑訴304条1項）。この抗告を受けた裁判所は，勾留命令に関する要件すべてを再検討することができる[40]。

　勾留審査は，勾留の理由を明らかにするという意味では，日本の勾留理由開示と共通する制度であるが，身体拘束からの解放を直接の目的としている点で異なる制度といえる。そして，この勾留審査は，近年の連邦憲法裁判所やヨーロッパ人権裁判所の判例やこれを受けた上述の2009年未決拘禁法により，被疑者・被告人側に対する記録や資料の閲覧などの拡充を中心とする手続整備（保釈手続の対審化）が進められている。この点については後述する。

2　保釈要件と代替措置

　以上のことからわかるように，ドイツにおける保釈たる勾留の執行停止は，

第 1 に裁判官の面前に引致後の尋問，第 2 に勾留執行後における勾留審査を経て，判断される。以下では，その勾留の執行停止の要件と手続を確認しよう。

連邦憲法裁判所は，勾留の執行停止の根拠規定であるドイツ刑訴法116条を「比例原則の特別な具体化」として位置付けている[41]。具体的には，逃亡の防止や罪証隠滅の防止といった勾留の目的が，他のより緩やかな措置によって達成できるのであれば，勾留状の執行は停止されなければならないし，場合によっては勾留状の発付も停止されなければならないとされる[42]。さらには，勾留の執行停止が行われた場合でも，勾留の維持がもはや比例していないという場合には，勾留は取り消されなければならない[43]。

ドイツ刑訴法における具体的な勾留の執行停止要件をみると，勾留理由ごとに定められている点が特徴的である（表 1 も参照）。

まず，逃亡の危険が勾留理由の場合（ド刑訴116条 1 項）を確認しよう。当該規定は，より緩やかな措置で勾留目的を達成できると期待すべき十分な理由があるときに勾留の執行停止を認めるべきとする。そして，そのより緩やかな措置（代替措置）としては，以下のものが考慮される，と規定されている。すなわち，「定められた日時に，裁判官，刑事訴追官庁又はこれらの者の指定する官署への連絡すべき旨の指示」[44]（同項第 1 号），「裁判官又は刑事訴追官庁の許可を受けないで住所，居所又は特定の地域を離れてはならない旨の指示」（第 2 号），「特定の者の監督下でなければ住居を離れてはならない旨の指示」（第 3 号），「本人またはその他の者による相当な担保（Sicherheit）の提供」（第 4 号），である。これらは例示的なものに過ぎず，これ以外の適切な条件を課すことも可能であるし，それらを組み合わせることもできる[45]。これは他の勾留理由の場合も同様である。

次に，罪証隠滅の危険が勾留理由の場合（ド刑訴116条 2 項）については，より緩やかな処分で勾留の執行よりも罪証隠滅の危険を著しく減少させられると期待すべき十分な理由がある場合には勾留の執行停止が認められるべきとされている。この場合，代替措置として，「特に」共同被疑者・被告人・証人・鑑定人と接触してはならない旨の指示が考慮されると規定されている。

そして，再犯の危険が勾留理由の場合（ド刑訴116条）についても，被疑者・

被告人が一定の指示を遵守し、かつ、これによって勾留の目的が達成されると期待すべき十分な理由があるときには、勾留の執行停止が考慮されるべきとされている。この場合については、代替措置は例示されていないが、サイバー犯罪が対象となっている場合のインターネットの利用禁止やインターネット利用申込みの禁止、特定の地域・区域への立ち入り禁止、特定の職業や会社への就職禁止、交通犯罪の再犯が対象となっている場合の道路交通への関与の禁止や運転免許証交付禁止などが考慮されている[46]。

なお、形式的文言からすれば、逃亡の危険に関するドイツ刑訴法116条1項は、要件を満たせば執行を「停止する」とされているのに対し、その他のドイツ刑訴法116条2項および3項では「停止することができる」とされている。後者については裁判官の自由裁量と解する見解も存在したが、現在は羈束裁量と理解するのが通説である。

これらの指示や制限があまりに負担であると被疑者・被告人が考えた場合、被疑者・被告人は抗告することができる（ド刑訴117条）。

以上のようなドイツの規定のあり方は、勾留目的ごとに勾留の執行停止要件を定めている点が特徴的である。これは勾留理由が具体的に予定・考慮されることを前提に、勾留の執行停止要件も具体的なものが予定・考慮されていることを示しているといえる。

3　勾留の執行停止の保証

上記のような代替措置のうち、実務上最も重要な役割を果たしているのが保証の提供である[47]。上述のようにドイツにおける勾留理由の大部分を占める逃亡の防止について、保証の活用が明文で規定されていることもその理由とされている。

この保証の具体的内容については、ドイツ刑訴法116条aが規定している。まず、保証の内容については、「現金若しくは有価証券の供託、質権の設定又は適当と認められる者による保証の提供」（同条1項）としている。その額や種類については、裁判官が自由裁量によって決定する（同条2項）。

特に保証の額の判断については、被疑者・被告人の財力が重要な要素となる。これに加えて、事件の重大性や逃亡の意欲の強さなどが考慮されうるという。

経済的に恵まれない被疑者・被告人の場合には，5000ユーロ以下の保証も考慮されることがあるとされている。ラインの会社経営者のような財力のある者の場合は，1億ユーロの保証が考慮されることもあるという[48]。なお，1万5000ユーロ以上の保証が，弁護人を通して提供される場合には，資金洗浄法によって，人物確認を受け，文書化する義務が弁護人に科せられることになっている。

4　電子監視

保釈の執行停止としての代替措置をめぐる注目すべき近年の動向として，電子監視の活用が挙げられる[49]。ドイツでは，2000年からヘッセン州フランクフルト地裁が管轄する区域において，「電子足かせ（Elektronische Fußfessel）」という電子監視のモデルプロジェクトが進められてきた。その後，ヘッセン州は，2007年に州全体で電子監視を導入している。具体的には，ドイツ刑法56条2項1号および同57条fによる保護観察，ドイツ刑訴法116条1項にいう勾留の執行停止における，より緩やかな代替措置として電子監視が導入されることになった。

以上のような動向の中，2011年1月1日に，ドイツ刑法68条b第1項第12号の改正によって，電子監視は連邦レベルで導入されることになった。これにより，電子監視は，有罪判決を受けた者に対する指導監督における指示として課せられることになった。もっとも，この規定は，有罪が確定した者に限られており，勾留に関するものではない。

ドイツでは，連邦制改革の結果，既決・未決の執行に関する立法権限が，連邦から州へと委譲されることになった。その結果，勾留の執行として電子監視を州の立法で導入されうることになっている。例えば，ヘッセン州のようにドイツ刑訴法116条1項2号や3号にいう滞在場所や指定の監視方法として電子監視を導入する可能性が存在するといえる[50]。

5　勾留の執行停止の取消要件

ドイツ刑訴法116条4項は，勾留の執行停止の取消要件について規定する。①上記のように勾留の執行停止の際に課せられた義務・制限に著しく違反したとき（同項1号），②対象者が逃亡を準備し，正当な理由のない適式な召喚に応じず，その他，信頼に値しない者であることを示す事情があったとき（2号），

③新たな事情により身体拘束を必要とする必要性が生じたとき（3号），である。

連邦憲法裁判所は，執行停止判断の基礎となった事情の評価に，裁判所は原則として拘束されるとした。それゆえ，勾留の執行停止の判断は，同様の事情を基礎とするかぎり，執行停止の取消しはできないということになる。上記の規定は，これを受けたものといえる。[51]

この観点からすると，上記のうち，3号にいう「新たな事情」の意味が問題となる。判例は，勾留の執行停止決定の基礎が，勾留の執行停止が承認されないであろうという意味で，重要な点において揺らいだという場合にのみ，勾留の執行停止を取り消すことができるとしており，この判示は基本的に支持されている。[52]

この勾留の執行停止の取消しの命令は，裁判官の申立てあるいは職権により，理由付の決定をもってなされる。この取消命令の管轄は，勾留の執行停止を命令した裁判官にある（ド刑訴126条1項）。この取消命令に対しては，被疑者・被告人は抗告することができる（ド刑訴117条）。

3 保釈手続の対審化と記録開示

近年ドイツ，さらにはヨーロッパ人権条約のレベルで，勾留の執行停止を支える重要な手続である身体拘束の適法性を審査する手続のあり方が変化しつつある。以下では，ドイツと関係する動向を確認する。[53]

上述のように，ドイツ刑訴法114条2項2号・3号は，勾留理由の具体的なものとし，被疑者・被告人側への情報開示機能も担保するものとされてきた。もっとも，1980年代までの実務では，これらを具体的に記載することなく，嫌疑および特定の証人の供述，そして場合によっては予期される自由刑を，形式的にかつ概括的に挙げることによって，裁判所の勾留理由提示義務が充足されると考えられていた。そして，「事件の真相が異なっているにもかかわらず，これらの勾留決定は，形式的かつ概括的な文面であることから，すべて似たようなものになっている」という傾向が一般化し，勾留状による「情報開示」は非常に形式的なものとなっていた。[54] また，勾留審査に先立って弁護人は捜査記録を閲覧できるのだが（ド刑訴147条1項），検察官が捜査目的の阻害を理由に証[55]

拠資料の開示を拒否（ド刑訴147条2項）することが多かった。仮にその開示を受けられたとしても勾留状の根拠となった証拠自体ではなく，捜査機関による証拠の要約書が示されたにとどまっていたとされている。

　このような状況に変化をもたらしたのが，ヨーロッパ人権裁判所の一連の判例である。1989年のLamy判決は，ヨーロッパ人権条約5条4項[56]を根拠に，勾留に対する準抗告手続や勾留審査手続は，対審構造でなければならず，さらに訴追側と被疑者との間における武器対等が保障されたものでなければならないことを示した[57]。そして，その武器対等の具体的内容として，勾留がどのようなものによって根拠付けられているのかを，適当な方法で争う機会を挙げた。これを受けて，ドイツ連邦憲法裁判所は，1994年に，ドイツ基本法103条1項[58]や公正で法治国家的な手続を受ける権利を根拠として，人身の自由という基本権が侵害されている状態を重視し，その人権侵害たる強制処分の証拠的基礎を知る権利が，刑事手続における真実追及という法治国家の任務に比べ常に優先されるとした[59]。そして，勾留審査手続において「裁判所の勾留決定に対して効果的な反論をなすため記録に含まれる情報が必要な場合で，裁判所が判断の基礎としたと思われる事実および証拠の口頭による告知では十分でない場合には，拘束された被疑者の弁護人による記録閲覧を求める権利が導かれる」，とした。もっとも，この判断は，通常は身体拘束の判断の基礎となった証拠の一部開示や口頭による告知で十分であるとし，身体拘束の判断の基礎となった証拠の全面閲覧は，複雑な事件や弁護側に対する書類内容の口頭による伝達が困難である場合に限られると判示している。この点を不十分として指摘する見解も存在していた[60]。

　このような状況のなか，ヨーロッパ人権裁判所は2001年2月31日に，以下のような重要判断を下した（Lietzow, Schöps, Garcia Alva 判決[61]）。

① 裁判官による勾留決定の正当性に関する被疑者・弁護人による検討は，被疑者が警察やその他の捜査結果および供述，そして証拠物を知る十分な可能性をもつ，ということを前提条件とする（裁判官や捜査機関による要約〔令状や令状請求書など〕では不十分である）。

② 身体拘束者は，自由剥奪の適法性に関して，重要な諸事情を再検討する

権利をもつ。裁判所は，その再検討の手続として，司法による手続，対審的手続，検察官と未決被拘禁者との間における武器対等の原則が保障された手続を保障しなければならない。依頼人の勾留の適法性を非難することが可能となるような捜査書類中の重要な文書へのアクセスが，弁護人に対して拒否された場合は，武器対等は保障されていないこととなる。
③　他方で，被疑者が証拠方法に影響を及ぼし，そして捜査の執行を妨げるのを防ぐために，続行中の捜査中に収集された情報のある部分を秘密にするという意味での捜査の効率性は重要である。しかし，このような正当な目的は，弁護権が実質的に削減されることを導くものではない。

　以上のように，ヨーロッパ人権裁判所は，勾留状に記載されている情報および勾留を判断する裁判官によって付加的に口頭で伝えられた情報は，検察官によって提出された証拠や情報に基づいて勾留を判断する裁判官が行った「推論」にすぎないと断じた。上記の連邦憲法裁判所は，この点において批判されていることになる。そのうえで，ヨーロッパ人権裁判所は，記録閲覧権を，勾留の判断が基礎としている「供述及びその他の証拠」に適用があり，また「警察などの捜査結果」といった裁判官に対して検察官が提出しているその他の書類内容すべてにも適用があるとした。

　この結果，検察が裁判官に対して提出した証拠資料すべてにアクセスする権利を，身体を拘束された者は有することになった。これにより，その証拠資料を留保しようとする検察官は，その証拠を根拠に勾留請求を行ってはならないということとなったのである。身体を拘束された者に開示されていない証拠は，勾留判断の基礎となる証拠としては利用禁止されるということになったといえる。[62]

　他方で，ヨーロッパ人権裁判所の判例は，いずれも捜査側の利益を無視していないという点も重要である。いずれの判例も，身体拘束という権利侵害が存在する場合については，人身の自由の保障を根拠として，身体を拘束されている者の情報入手の利益を常に優先するという衡量方法を採用しているといえる。

　このような判例の展開を踏まえて，ドイツでは，2009年未決拘禁法により，ドイツ刑訴法147条2項（記録閲覧を認める規定）が改正された。具体的には，

捜査が阻害される可能性がある場合に記録閲覧を拒否できるとの規定を第1文とし，第2文として，「第1項の要件が存在し，かつ，被疑者が未決勾留または仮逮捕下にある場合，自由剥奪の適法性判断にとって重要な情報が弁護人に適切な方法で利用可能な状態に置かれなければならない。その限りで，通常，記録閲覧は保障される」が挿入されている。

以上のように，従来のドイツでは，捜査の秘密を理由とする身体拘束の基礎となった資料・情報の開示の拒否という実務が定着していたが，近年の判例の動向もあり，身体拘束判断の基礎となった資料や情報は例外なくすべて開示されるべきという考えが定着している。日本では，令状の謄本も含め，身体拘束の根拠となった資料などの開示について「捜査の密行性」を理由に消極的に解されている。ヨーロッパ人権条約5条4項と同様の文言である自由権規約9条3項を批准する日本でも，上記のような動向は重要な意味をもっているといえる。

4　勾留の執行停止のための「援助」

最後に，勾留の執行停止を促進するための「援助」が拡大しているドイツの状況を確認する。ドイツにおいては，近年，無罪推定を根拠に，勾留に伴う弊害（社会や家族との断絶，被勾留者自身への悪影響など）緩和・除去を内容とする社会的援助提供義務が導かれるとする見解が有力になっている。具体的には，被勾留者の自由意思による同意に基づいた社会的援助（住居の紹介，職場の仲介，一般社会における社会保障制度への仲介，教育プログラムの提供，薬物・アルコールなどの自助グループへの仲介）が，提供されるべきとする[63]。

このような考えは実務でも実践され始めている。ベルリン・モアビット司法執行施設（刑務所と拘置所）では，1990年から上記のような社会的援助の提供を希望者に提供する試みが開始されており，定着している[64]。

さらに，上述の2006年連邦制度改革の結果，各州で未決勾留の執行に関する立法が進むなか，社会的援助に関する規定を設ける立法例が増加している。その代表例とされるのは，2009年10月27日のノルトライン＝ヴェストファーレン州の未決拘禁執行法である。同法29条は，「社会的援助」として次のような規

定が置かれている。

① 未決被拘禁者は，個人的・社会的困難の克服に向けた自身の努力を援助される。この援助は，未決被拘禁者が自己の事務を自ら処理かつ調整することができるように提供される。

② 前項の目的を達成するために，その後の未決拘禁の回避のために尽力し，あるいは特別の社会的問題状況または健康上の問題状況に関する援助を提供する施設外の機関および施設も指定される。

③ 施設は，施設外の施設および組織ならびに人物，協会と協力して，社会的援助の提供をすることができ，密接な協力をすることができる。

④ 未決被拘禁者は，未決拘禁から釈放された場合，自身の資力が十分でない場合に限り，施設から旅費の補助および補助金，必要な場合には十分な衣類を受け取る。補助金は，釈放後就労するまでに必要な生活維持をできる状態に置くよう提供されるべきである。

この規定においては，社会的援助は勾留に伴う弊害を緩和・除去するというだけでなく，勾留の短縮を目的とすることが明示されている。さらに，同法5条は，司法執行施設は，勾留回避の可能性を把握するよう活動すべきとし，その目的に資する情報を遅滞なく裁判所または検察に通知すべきとしている。すなわち，住居や職場を仲介し，それらを準備するという援助を提供し，かつそのような結果を裁判所や検察に通知することによって，逃亡の危険が否定される可能性が生じる，とされているのである（弁護士の請求や裁判所の職権による勾留審査で活用されるのであろう）。このように社会的援助の提供とその結果を積極的に活用した，勾留取消しや執行停止を積極化するという動向がドイツでは拡大しているといえる。

5 むすび

ドイツの身体拘束制度は，その手続の構造や勾留要件の認定など，日本の身体拘束制度との関係で少なからず示唆を含むものといえる。

さらに，本章の対象である保釈との関係では，身体拘束の有する権利侵害の重大性を前提としながら，身体拘束の判断手続は，身体拘束する側とされる側

との武器対等を保障した対審手続でなければならないことを踏まえ，その具体的内容が検討されている点が重要といえる。すなわち，保釈手続の対審化やその位置内容としての身体拘束の根拠資料の全面開示という内容である。これらの要請は，ドイツ法固有のものではなく，国際人権法の要請であることを看過することはできない。これと比較すると，日本の保釈手続の制度的欠陥はかなり重大であるといわざるを得ない[67]。また，保釈の実効化のために，社会権の観点からの検討が進められている点も重要といえる。保釈を実効的なものとするために，手続や他機関との連携の整備などが日本でも必要である。

1）「拘束後遅滞なく管轄裁判所の下に引致され，身体拘束後遅くとも翌日中に裁判官による尋問が行われなければならないこと，そしてその尋問をした裁判官が身体拘束に関する判断を行うこと」（ド刑訴114条 b 第 2 項 1 号），「自身の陳述する権利や陳述しない権利を有すること」（同 2 号），「有利な証拠の取調べを請求することができること」（同 3 号），「尋問前であっても，選任した弁護人と相談することができること」（同 4 号），「自身が選んだ医師による診察を求める権利を有すること」（同 5 号），「捜査目的を害さない限りで親族や信頼する人物に通知することができること」（同 6 号）。
2）　身体拘束後，遅くとも翌日中に被疑者・被告人を管轄裁判所に引致できない場合は，身体拘束後，遅くとも翌日中に最寄りの区裁判所に引致しなければならない（ド刑訴115条 a）。
3）　もっとも，このような国選弁護人選任の時期で十分なのかについては議論があり，仮拘束の時点で弁護人が選任されるべきとの見解も存在する。
4）　例外的に，「事件に特別な難しさがあるため，捜査の規模が特に大きいため，またはその他重大な理由があって，判決に熟するに至らず，勾留の継続を至当とするときに限り」，6 カ月を超えることができるとされている（ド刑訴121条 1 項）。
5）　Vgl. Statisches Bundesamt "Rechtspflege 6 .In der Strafverfolgungsstatistik 2010 erfasste Personen mit Untersuchungshaft 6. 1 Nach Grund und Dauer der Untersuchungshaft"（https://www.destatis.de/DE/Publikationen/Thematisch/Rechtspflege/StrafverfolgungVollzug/Strafverfolgung2100300107004.pdf?__blob=publicationFile）
6）　Püschel/Bartmeir/Mertens, Untersuchungshaft in der anwaltlichen Praxis, 2011, S.38.
7）　Vgl. Statisches Bundesamt "Rechtspflege－Bestand der Gefengenen und Verwahrten in deutschen Justizvollzugsanstalten"（https://www.destatis.de/DE/Publikationen/Thematisch/Rechtspflege/StrafverfolgungVollzug/Strafvollzug2100410107004.pdf?__blob=publicationFile）.
8）「自由剥奪の許容およびその継続については，裁判官のみがこれを決定しなければならない。裁判官の命令に基づかないすべての自由剥奪については，遅滞なく，裁判官による決定がなされなければならない。警察は，何人をも，逮捕の翌日の終了後は，独断で，これを自己のところに留置してはならない。詳細は，法律でこれを規定するものとする。」
9）「何人であれ，犯罪行為の嫌疑を理由として仮に逮捕された者は，遅くとも逮捕され

第1部　保釈の理論

た翌日には，裁判官のもとに引致されなければならない。裁判官は，被逮捕者に逮捕の理由を告げ，これを尋問し，かつ，異議申立ての機会を与えなければならない。裁判官は遅滞なく，理由を付した勾留状を発するか，または釈放を命ずるかをしなければならない。」

10）　高田昭正『被疑者の自己決定と弁護』（現代人文社，2003年）39頁以下，川出敏裕『別件逮捕・勾留の研究』（東京大学出版会，1998年）177頁以下。
11）　また，このような権限は警察法上も否定的にとらえられている。この点については，高田・前掲書注10）49頁以下など参照。
12）　高田・前掲書注10）46頁以下。
13）　高田・前掲書注10）43頁以下。
14）　Vgl. Statisches Bundesamt "Rechtspflege 6 .In der Strafverfolgungsstatistik 2010 erfasste Personen mit Untersuchungshaft 6. 1 Nach Grund und Dauer der Untersuchungshaft"（https://www.destatis.de/DE/Publikationen/Thematisch/Rechtspflege/StrafverfolgungVollzug/Strafverfolgung2100300107004.pdf?__blob=publicationFile）．
15）　筆者は，2010年度科学研究費補助基盤研究（B）「裁判員裁判時代における未決拘禁改革」（代表者：福井厚）により，2010年9月に加藤克佳教授とともにドイツにおける未決拘禁実務の調査を行った。その際に，裁判官などから，本文のような回答を得た。
16）　Meyer-Goßner StPO 54.Aufl., 504.
17）　BGH NStZ 1981, 94; LG Celle StV 1986, 392.
18）　Meyer-Goßner StPO 54.Aufl., 504.
19）　LG Frankfurt StV 1995, 593.
20）　LG Hamm StV 1985, 114;KK-Graf 25, 27; Dahs NJW 1965, 889; Kleinknecht MDR 1965, 182.
21）　LG Hannover NJW 1952, 951.
22）　Schmidt-Leichner NJW 1959, 844.
23）　LG Schleswig SchlHA 1954, 25; Dahs NJW 1965, 890.
24）　LG Frankfurt NJW 1960, 351; LG Hamm StV 1985, 114.
25）　KG JR 1956, 192;Dahs NJW 1965, 890.
26）　LG Verden StV 1982, 374.
27）　Dahs NJW 1965, 890; Kleinknecht NJW 1965, 2186.
28）　KG StraFo 2009, 21.
29）　BVerGE19. 342. 350 ＝ NJW 1966, 243.
30）　BVerfG, NJW 1992, 2472, 2473; NJW 1993, 3254, 3255.
31）　Meyer-Goßner StPO 54.Aufl., 501.
32）　弁護士向けのハンドブックにおいては，弁護士は，①被疑者・被告人の生活空間への侵害の重大性（被疑者・被告人の健康状態，被疑者・被告人の社会関係への影響，仕事や経済状況への影響，家族など第三者への不利益など），②事件の重大性（犯罪によって侵害された法益の性質など），③予期される量刑（単に罰金刑や保護観察付執行猶予などが予期される場合には未決拘禁は比例性を失っている）を考慮すべきとする（Püschel/Bartmeir/Mertens, Untersuchungshaft in der anwaltlichen Praxis, 2011, S.108f.）。
33）　BGHZ 60, 302 ＝ NJW 1973, 1322; Dreher MDR 1970, 968.

34) BVerfGE 19, 342, 347; BVerfGE 53, 152, 158ff. これらの判示に関する分析については，斎藤司「未決拘禁期間を規制する原理としての『身体不拘束の原則』」浅田和茂ほか編『改革期の刑事法理論——福井厚先生古稀祝賀論文集』（法律文化社，2013年）が詳しい。
35) BVerfG, NStZ 2000, 153.
36) BVerfG, NJW-Spezial 2009, 616.
37) BVerfG, StV 2006, 251, 253.
38) OLG Naumburg, StV 2005, 456ff.
39) ドイツにおける保釈については，田淵浩二「ドイツ法における保釈」刑弁24号（2000年）77頁以下も参照。
40) LG Stuttgart NJW 1982, 1296.
41) BVerfGE 19, 342, 347ff = NJW 1966, 243, 244.
42) Meyer-Goßner StPO 54.Aufl., 531.
43) BVerfGE 53, 152 = NJW 1980, 1448; BGH 39, 233, 236.
44) 通常は，1週間に1度から2度，対象者の住居を管轄する警察署に連絡するという指示がなされている（Christian Wiesneth, Die Untersuchungshaft, 2010, S.56.）。
45) 例えば，特定の場所に住むこと，官庁に住居を届け出てそれについて証明書を出してもらうこと，住居を移転した場合の迅速な連絡，特定の国や地方自治体への滞在の限定，配達に関する全権委任，銀行口座の凍結，預金通帳の凍結などがあげられる（Christian Wiesneth, Die Untersuchungshaft, 2010, S.56.）。
46) Christian Wiesneth, Die Untersuchungshaft, 2010, S.57.
47) Püschel/Bartmeir/Mertens, Untersuchungshaft in der anwaltlichen Praxis, 2011, S.120.
48) Püschel/Bartmeir/Mertens, Untersuchungshaft in der anwaltlichen Praxis, 2011, S.121.
49) ドイツにおける電子監視をめぐる動向やヘッセン州の動向を検討したものとして，金澤真理「ヘッセン州電子監視プロジェクトの概要」刑事立法研究会編『非拘禁的措置と社会内処遇の課題と展望』（現代人文社，2012年）340頁以下。
50) Püschel/Bartmeir/Mertens, Untersuchungshaft in der anwaltlichen Praxis, 2011, S.127.
51) BVerfG, StraFO 2007, 19; BVerfG StraFO 2006, 108.
52) BVerfG, StV 2008, 25.
53) その詳細な分析は，斎藤司「強制処分と証拠開示」法政研究76巻4号（2010年）363頁以下。さらに，勾留決定やその審査手続の対審化や記録開示について，国際人権法の観点の観点から検討したものとして，葛野尋之『未決拘禁法と人権』（現代人文社，2012年）43頁以下。
54) Manfred Parigger, Tendenzen im Haftrecht in der Rechtswirklichkeit, AnwBl 1983, 423.
55) もちろん，事件によっては勾留状が「証拠開示機能」を果たすこともあるし，また多くの学説もこれを認めている。例えば，vgl.Boujong in KK 3 .Aufl., 1993,§115 Rdnr. 9 .
56) 「逮捕または拘禁によってその自由を奪われている者は何人も，裁判所が自己の拘禁の合法性について敏速に決定しかつ拘禁が合法的でない場合に釈放を命ずることができるために，裁判所の前の手続をとる権利を有する。」なお，ヨーロッパ人権条約の翻訳については，宮崎繁樹ほか編『国際人権基準による刑事手続ハンドブック』（青峰社，1991年）によった。
57) EGMR StV 1993, 283.

58) 「何人も，裁判所において，法的聴聞を請求する権利を有する。」ドイツ基本法の訳については，高田敏・初宿正典編訳『ドイツ憲法集〔第5版〕』(信山社，2007年) によった。
59) BVerfG NJW 1994, 3219 = NStZ 1994, 551.
60) Vgl.Joachim Bohnert, Untersuchugshaft, Akteneinsichtsrecht und Verfassungsrecht, GA 1995, 293; Reinhold Schlothauer, Die Verteidigung des inhaftierten Mandanten, StraFo 1995, 5.; Gerd Pfeiffer, Das Akteneinsichtsrecht des Strafverteidigers, Festschrift für Walter Odersky, 1996, 453.
61) EGMR StV 2001, 201.
62) Schlothauer (Anm.22), 193ff.;OLG Hamm StV 2002, 319;Hans Hilger, §147V StPO——Untersuchungshaft, GA 2006, 295.
63) この点，斎藤司「未決被拘禁者に対する社会的援助」刑事立法研究会編『代用監獄・拘置所改革のゆくえ』(現代人文社，2005年) 152頁以下，斎藤司「未決拘禁における社会的援助」福井厚編『未決拘禁改革の課題と展望』(日本評論社，2009年) 201頁以下を参照。
64) 斎藤司「比較法3——ドイツ」福井編・前掲書注63) 313頁。
65) この点，斎藤「未決拘禁における社会的援助」前掲注63) 210頁以下を参照。
66) イギリスにおける類似の動向については，葛野・前掲書注53) 59頁以下。
67) この点，斎藤・前掲注53) 参照。

第2部

保釈の実務

第1章
保釈の請求

1 保釈の請求権者

　保釈を請求しうる者は，勾留されている被告人および弁護人，法定代理人，保佐人，配偶者，直系の親族，兄弟姉妹である（法88条1項）。

1　被告人

　勾留されている被告人であるが，刑事施設に留置されている場合に限らず，勾留の執行を受け，まだ刑事施設に留置されていない場合も含まれる（法343条後段・98条および刑訴規91条1項3号の規定の趣旨からの帰結である）。

　ただし，鑑定留置中のものは除かれる（法167条5項によって「保釈に関する規定は，この限りでない」とされていることによる）ので，この間は保釈の請求ができない。

2　弁護人

　(1)　請求権の性格　弁護人の請求権は，いわゆる独立代理権であり，被告人の意思如何にかかわらず行使できる（法41条・88条1項）と説明される。しかし，むしろ固有権であるというべきである。

　もっとも弁護人は，代理権を有しており，被告人の代理人として，その旨を顕名して請求することも可能であろう。

　しかし，実務では，かかる方式をとらず，請求にあたって，保釈請求者を弁護人として記載して代理人名義を表示しないのが一般である。この場合の法的性格は，弁護人の固有権に基づく請求と解すべきである[1]。

　したがって，保釈保証金の納付義務者は弁護人であり，かつ保釈保証金還付請求者も弁護人であって，被告人との内部関係あるいは保証金の実質の出所が誰であるかに影響されない（京都地判昭31.10.4下民集7-10-2814）。このことは，被告人の債権者が，被告人に対して，仮差押え，あるいは差押えをする場合，

しばしば構成上問題となる[2]。

(2) 請求権の範囲　保釈請求をなしうるのは，勾留の基礎となった事件（訴因）について選任された弁護人である。事件単位の原則による処理である。

したがって，追起訴の勾留事件については保釈請求権がない。

通常，弁護人は，先になされた起訴（本起訴）と追加起訴も合わせて（一本の請求書で）保釈請求をすることになるが，追起訴事件についても弁護人選任届を提出し，保釈請求書には，保釈の対象とする事件のすべてを特定し，明確にしておかねばならないことに留意する必要がある。

もっとも，法8条によって，本起訴事件と追起訴事件が併合された場合には，特別な事情のない限り，追起訴事件についても弁護人選任の効果が及ぶので，保釈請求権を有する（刑訴規18条の2，事件単位の原則の例外）。

(3) 複数弁護人の請求　1つの事件につき，複数の弁護人が選任されている場合，各弁護人に請求権がある。

特に，捜査段階で，複数の弁護人が選任（刑訴規26条）され，起訴後第一回公判期日前に保釈請求をする場合主任弁護人の選任がなされていないから，複数の弁護人から保釈請求がなされる可能性があるが，これも許されると解する。ただし，保釈許否の決定は，保釈の請求が数個であったことを特定し一括して行ってよい。

A弁護人が，保釈請求をし却下されたのちに，改めてB弁護人が請求する場合には，各自に対する決定がなされることになるのは当然である。それでは，公判段階になって主任弁護人が定まった場合，それ以外の弁護人が，主任弁護人の同意なしに保釈請求をすることが可能かである。すなわち，保釈請求が刑訴規25条2項の「申立」に含まれるのかという問題である。

結論からいえば，主任弁護人以外の弁護人も独自に保釈請求をすることができると解する。なぜなら刑訴規25条2項は，公判での審理において訴訟行為の統一を図ることを主眼とした規定であって，保釈についての適用は予定されていないと読むべきだからである。

実務上は，内部的に主任弁護人との協議（同意）を経て他の弁護人が保釈請求するケースであって，特に問題が生じていない。

(4) 請求の時的限界 一審（原審）の弁護人は，一審判決後，保釈の請求ができるか。できるとして，その時的限界の如何が問題となる。

この問題は，法32条2項が審級代理（審級弁護）の原則を定め，弁護人の選任は，その審級に限って効力を有するとされることから，その審級の終期がいつか，という論点にからむ。[3] 審級の終期について，判例は一貫して当該審級の終局裁判の言渡し時までとする見解（判決宣告時説）をとってきた。この説に従うと，一審弁護人は，保釈請求をすることができないことになる。

これに対して多くの学説は，終局裁判の確定または上訴申立てによって移審の効果が生じたときまでとする見解をとる（上訴申立説）。この説に従うと，控訴の申立てがなされていない間は原審弁護人において保釈請求ができるが，控訴の申立てがあればできないことになる。

保釈の実務に照らすと，原審弁護人は，控訴の有無にかかわらず実刑判決言渡し後すみやかに保釈請求をするケースが多く，この場合には重ねて一審宛の弁護人選任届を提出しなくても，控訴提起期間内で，控訴の提起がない間は，被告人のために保釈請求ができる運用が行われている（最高裁刑事局の見解でもあること刑裁資料51号35頁）。

最高裁平4.12.14決定（刑集46-9-675）は，国選弁護人を付されていた被告人が，判決宣告後に上訴申立てのため必要であるとして，自ら公判調書の閲覧を請求した場合に，その閲覧を許さなかった処置に違法はないとして「弁護人選任の効力は判決宣言によって失われるものではないから法49条にいう『弁護人がないとき』にあたらない」と判旨した。このことから最高裁が終局判決説を放棄したという見方もなされている。が，これが小法廷の決定であること，また藤島昭裁判官の補足意見をみると必ずしも定かではない。

ともあれ，原審弁護人が公判調書を含む訴訟に関する書類の閲覧権を行使できるのであるから，保釈請求も可能であって，これまでの再保釈に関する実務の運用と判例の立場に矛盾は生じないことになったといえる。だが，問題は，これによって解決するという訳ではない。

実刑判決を受けた被告人が直ちに控訴の申立てをした場合，その後の原審弁護人からの保釈請求は不適法となる。そこで実務では，控訴審あての弁護人選

任届を保釈許否の判断に先立って追完という方法で提出させる取扱いとなっているようである。

　しかし，これでは不都合が生じる。例えば一審に国選弁護人が付されており，被告人の資力上，控訴審でも国選弁護人の選任を受けざるを得ない場合，その手続は，原審裁判所が控訴審の依頼によって弁護人選任照会をするものの，選任自体は，控訴裁判所の裁判長が行う（刑訴規250条・178条）ことになるから，選任時期に一審裁判所から控訴審へ訴訟記録が送付され，受理された以降ということになり，この期間は控訴の申立てからほぼ1カ月位をみておかねばならない。そうすると被告人は，この間，弁護人による保護が受けられないままの空白状態におかれる。

　そこで，上訴の申立てがあった場合は，上訴による移審の効果が上訴裁判所に訴訟記録の送付があったとき生じるので，原審弁護人の選任効果はそれまで持続するという見解（訴訟記録送付説）が有力に主張されることになる。この説に立つと，原審弁護人は，訴訟記録が上訴裁判所に送付されるまでは保釈請求ができる。

　訴訟記録送付説が採用されるべきである。その理由は，次の2点である。第1点は，訴訟記録が控訴審に到達するまでは控訴申立ての前後を問わず，原審裁判所が勾留期間の更新，勾留の取消し，保釈，勾留の執行停止，勾留理由開示等の勾留に関する処分をしなければならない（法97条，刑訴規92条1項ないし3項）のであるから，これに対応して上訴裁判所において国選弁護人の選任が可能となる時点まで，原審弁護人が保釈請求をすることを認めて何ら不都合はないこと。第2点は何より，憲法37条3項の趣旨にかんがみて，間断のない弁護権の保障は被告人の権利擁護上に不可欠であり，新たな国選弁護人が選任されるまでの相当期間弁護人の保護を受けられない状態におくのは，弁護人依頼権の侵害であるとの疑いがあり，これを是正するべき解釈がとられるべきと考えることによる。

　この点に関して最高裁平18.12.19決定（判タ1230-100）が，その法構成を示唆している。

　本決定は，実刑判決を受けた被告人が，自ら控訴の申立てをし，その20日後

に原審の国選弁護人が「検察の押収品還付処分」に対する準抗告をしたという事案である。

原審が，「被告人に対する国選弁護人の効力は既に失われている」として準抗告を棄却したことに対する特別抗告であり，最高裁は職権で原決定に違法があるとして取り消した。取消理由は，本準抗告の申立てが申立書の内容からみて被告人独自の申立てであると理解する余地があり，原審が形式的な処理をなしたことは著しく正義に反するとしたものである。

もっとも，この決定が終局判決説を放棄して訴訟記録送付説に立ったとはいえない。が，本決定における才口千晴裁判官の補足意見があえて実務の改善を指摘し，さらに泉徳治裁判官が明らかに訴訟記録送付説に立つと思料される補足意見を付したことにかんがみると今後，実務の取扱いが動くことも予想される。

動くとすれば，弁護人依頼権によって，審級弁護の原則が破られその例外とするか，あるいは審級原則とは切り離した理論構成をすることになろう。

3　被告人・弁護人以外の者

(1)　請求権の性格　被告人の法定代理人，保佐人，配偶者，直系親族もしくは兄弟姉妹は，弁護人の場合と同様，固有権として保釈請求を行使できると解する。これらの身分関係は民法の定めるところによるから配偶者に内縁の妻は含まれない。親権者でない父あるいは母でも直系親族として請求できる。

この請求権者の範囲は，旧刑訴法時代に大幅に拡張され（旧法115条），これが現行法でも踏襲されたもので立法経緯からも親族のもつ固有権といえる。

(2)　不服申立権　これらの保釈請求権者は，自ら申し立てた保釈請求が却下された場合，不服申立て（準抗告あるいは抗告）ができるか。最高裁平17.3.25決定（刑集59-2-49）は，できるとして積極説に立った。

本件は，起訴され勾留中の被告人の父親が，第一回公判期日前に保釈請求をしたが却下されたので，法429条1項の準抗告を申し立てた事案である。原審裁判所は，「申立人が法352条所定の『決定を受けたもの』にあたらないから，法429条1項の『不服がある者』にも該当しない」として準抗告の申立てを不適法であるとして棄却した。これに対して，最高裁は，法352条の『決定を受

けたもの』または法429条1項の『不服がある者』として抗告または準抗告を申し立てることができるとし原審決定を取り消し,差し戻した。

　この点については,これまで学説,判例ともに積極説と消極説に分かれて争いがあった[4]。実務的にみると,被告人の配偶者や両親が独自に保釈請求をすることは,しばしばある。この場合,これらの者は,その申立てにあたって,保釈請求者として氏名を表示して申立てをし,保釈許否の決定の名宛人も当該請求者である（なお,法34条による裁判書の謄本は,請求権者,被告人,検察官に送達されるのが一般的である）。

　さらに,保釈許可があった場合の保釈保証金の納付義務者も,その保釈保証金還付請求権も当該請求者であって,弁護人の場合と,とりたてて変わらない。確かに,保釈に関する裁判は,被告人に対する判断で,法的効果を受けるのは被告人であるが,弁護人請求の場合と同じことであり,被告人の家族らは被告人が身体拘束されたことによってさまざまの影響を受ける。これらの者に対して,独立代理権としての請求権があるとしながら,単に請求権のみであって,不服申立ての権利がないとするのは,訴訟手続に関する解釈上,成り立たない理屈であろう（不服申立権を排除するならその旨の規定を置くべきである）。

　被告人の身体拘束からの解放（人身の自由の重要性）という人権保障の視点からも,法の形式的解釈は戒められるべきであって,被告人・弁護人以外の者の請求者も法352条の「決定を受けたもの」にあたると解するべきであると考えたい。

　ともあれ,理論的構成はともかく,この問題に対する実務上の取扱いは最高裁決定によって一応の決着が着いたといえる。

2　保釈請求の方式

　保釈請求の方式には法に特段の定めがないから,刑訴規296条によって,書面または口頭ですることができる。

1　書面による請求

（1）　**実務としての書面請求**　　保釈の請求は,書面主義をとらないものの,実務上は,書面によってなされる。

保釈請求書の書式は，各種のマニュアル本で例示されている（例えば，日弁連刑弁センター編「保釈・勾留ハンドブック」〔2007年〕が詳しい）が，通常は，「保釈請求書」という表題を用いて，保釈の請求であることを明らかにしたうえで，㈠勾留状の発せられている事件名および，㈡被告氏名（生年月も記載した方がよい）を記載して事件を特定し，㈢保釈を求める事由を記載し，㈣作成年月日，請求者の署名捺印をすることになる。

㈠については，勾留された数個の事件がある場合にはその全部を記載すること，㈢については，記載の要件上不可欠というものではないが，具体的に記載しておくべきである（その程度については後述する）。㈣については，刑訴規60条による要件である。

要するに，これらの記載要件は，裁判書（決定）の作成に対応したものである。したがって，被告人・弁護人は住所を記載する必要はない。被告人は勾留状によって，弁護人は提出された弁護人選任届によって所在が明らかになっているからである。それ以外の保釈請求者は，被告人との関係を明らかにし（請求権を有する者であること），住所も記載しておかねばならない（保証金納付者の指定・謄本の送達上などに必要）。

さらに，保釈の許可があった場合，法93条の条件が付されるから，被告人の住所地以外の制限住所の指定を希望する場合（例えば，被告人が独立して生活していたが，保釈中は両親の監督下におくということで，保釈の許可を容易にする）は，その旨を明らかにする。また保釈金額についても，被告人の資力など個別的事情を摘示しあらかじめ要望をしておくことがよく，定型的なマニュアル本に頼らず工夫すべきであろう。

(2) 保釈理由を疎明する資料 保釈請求書と同時に，例えば被告人の誓約書，親族の上申書，診断書，示談書，身元引受書などを提出し保釈の必要性を明らかにする。これらの書面は，保釈理由を疎明する資料であり，保釈判断の資料となるので保釈請求書の添付書類として請求書と一体として取り扱われることになる。

そこで裁判所が検察官に対する求意見（法92条1項）にあたって保釈請求書とともに検察官に送付されることになるから検察官の反面調査にも耐えるもの

を準備することを心掛けねばならない。

2 口頭による請求

口頭での請求は，公判廷の内外いずれでも可能であるが，実務ではみかけられない。

手続的には，口頭により請求をする場合，裁判所書記官の面前で申述し，裁判所書記官が「申述調書」を作成することになる（刑訴規296条3項）。

ある事件で，検察官が勾留中の被告人の妻に保釈請求書の作成・提出を指導し，そのうえで求意見に対して保釈に同意したことで，被告人の自白の任意性が争われたことがあった。前記のような方法を教示するにとどめるべきであるし，弁護人以外の者の請求には活用されてよい。

3 保釈請求の撤回

1 意　義

保釈請求の撤回とは，請求の取下げの意であって，法96条の保釈の撤回ではない。のちに検討する法96条の保釈の取消しは，将来に向かって保釈の効力を喪失させるもので，その法的性格から，保釈の撤回ともいわれるので，これと混同してはならない。

保釈請求の撤回（取下げ）についての明文はない。しかし，保釈請求を撤回することができることについて異論はない。問題は，誰が，いつまでになしうるかである。

2 請求撤回権者

保釈請求を撤回することができる者は，原則として請求者本人に限られる。したがって，保釈請求権者であっても，他の者のした請求を撤回することはできない。それでは，被告人が，被告人以外の者がした保釈請求を撤回することができるか。

この点については，肯定・否定の両説があり，裁判実務に関する解説書でも見解が分かれているようである（肯定＝書記官実務，否定＝中島・報告）。

実務的に看て，弁護人が保釈請求する場合には，当然に被告人と協議し，その後は公判対策も含めたうえでの検討が加えられているから，かかる事態は生

じない。しかし，それ以外の請求者と被告人との場合には，意見が分かれることが稀有でない（例えば，家族は身体の解放を強く望むが，一方の被告人は，自らの事情があって，当分の間は勾留場所にとどまることを選択したいという事例である）。これをどう考えるかである。

被告人以外の者の請求権の本質が，固有権であるとすれば，被告人からの請求の撤回は理論的に許されないと解すべきであろう。しかしながら，それが固有権であるとしても，「狭義の固有権」でなく，被告人の権利と競合する「競合的固有権」であること，保釈許否決定の実質的効果を受けるのは勾留されている被告人本人であること，いずれが「被告人の利益」であるかの判断は，第一次的には被告人に委ねるべきであると考えることから，肯定説が支持されるべきである。

3　請求撤回の時的範囲

保釈請求時から，保釈許否の裁判（決定）があるまでの間は，いつでもその請求を撤回できる。保釈許否の決定後の取下げはできない。ただ，保釈許可がなされても，この裁判に対して，準抗告の申立てがなされ，その準抗告裁判所において原裁判の執行停止の裁判がなされた場合には，保釈取下げ可能であって，撤回が許される（福岡地決昭46.7.6判時675-113）。

原裁判が，取り消される可能性を生じ，未確定の状態であることを理由とする。

1）　弁護人の権限として，代理権と固有権がある。さらに代理権については包括代理権と独立代理権が，固有権については弁護人と被疑者・被告人が重複してもつものと（競合的固有権），弁護人のみがもつもの（狭義の固有権）があると分類するのが一般的であり，弁護人の保釈請求権は独立代理権に基づくとされる。しかしながら，独立代理権と固有権を分ける必要があるのかは，疑義がある（鈴木53頁，光藤Ⅰ271頁，新・コメ120頁）。加えて保釈請求の場合に限って検討してみると，弁護人が保釈請求をするのは，もとより被告人からあらかじめ了解をとっているが，多くは被告人の家族等から依頼を受け，かつ保釈金の手当も家族らがつけることになる。手続的にも，弁護人が直接の保釈請求者となり，保釈保証金の納付も弁護人名で行い，保釈金還付請求権も弁護人がもつことになるから固有権と解した方が，むしろすっきりと整理できる。

さらに，このことは保釈許否決定，保釈取消決定あるいは保釈保証金没取の告知を誰にするか，各決定書の送達は誰になされるべきかという問題とも関わりをもつ（第5章

第1節および第6章第1節)。独立代理権という位置付けをするところに実務上の混乱が生じていると思われる。

2) 京都地判昭31.10.4の事案は,被告人の債権者が,被告人を債務者,国を第三債務者として,保釈保証金の返還請求権につき,差押えならびに転付命令を受け,国との関係で訴訟となったものである。判決は,弁護人の保釈請求権は,被告人の代理行使でなく,保釈金の還付請求権も被告人には帰属しないとして請求を棄却した。

通常,実務では,被告を債務者,弁護人たる弁護士を第三債務者として仮差押えあるいは差押えがされる。しかし,この場合でも,納付した保釈金の都合をしたのは必ずしも被告人でなく,むしろその家族であることが多く,弁護人として支払いに応じることはできないことから,しばしばトラブルが生じる。これを回避するためには「保釈保証金の代納付」の許可をとっておく方がよい(法94条2項)。

3) 審級弁護と保釈については,森下康弘「弁護人の権限の時間的範囲」大阪刑事実務研究会『刑事実務上の諸問題』(判例タイムズ社,1993年)でわかりやすく解説されている。

4) 積極説に立つ判例として,札幌高決平7.11.7(判時1570-146),消極説に立つ判例として,東京高決昭62.7.2(判時1253-140)がある。

最高裁平17.3.25決定に対する解説として,川上拓一「被告人の父から保釈請求を却下した裁判に対する同人からの不服申立の許否」刑事法ジャーナル Vol.6 (2007年)が参考となる。

第2章
保釈請求から決定に至るまでの手続

1 手続の流れ

　保釈請求がなされた場合，その権利性から，裁判所は保釈許否の判断をしなければならない。保釈許否の裁判は決定でなされる（法92条）。

　担当する裁判官は，保釈請求が，当該事件の起訴後第一回公判期日前であるのか，第一回公判期日後であるのかによって異なってくる。

　いずれにしても，裁判所はまず，検察官の意見を聴き（検察官に対する求意見，法92条3項），必要に応じて事実の取調べ（法43条3項）をしたうえで，決定することになる。

　ここでは，請求から決定に至るまでのプロセスを具体的にみたうえで，2において主として弁護人として留意すべきことについて検討を加える。

1　保釈請求許否の決定をする裁判所

　(1)　決定権者　　公訴提起後第一回公判期日までの保釈に関する処分は，原則として受訴裁判所の構成員以外の裁判官が行う（法280条1項，刑訴規187条1項）。裁判官は，その処分に関し裁判所または裁判長と同一の権限を有する（法280条3項）。いわゆる予断排除の原則の要請に基づくものである。

　第一回公判期日後は受訴裁判所が許否の裁判を行う（合議体であれば，通常主任を定めて検討させたうえで，最終的には合議をもって決定しているようである）。

　(2)　「第一回公判期日」の解釈　　法280条1項の「第一回公判期日まで」とは具体的にどのような段階に至ったときをいうのか。その解釈をめぐって，いくつかの見解がある。

　第1は，形式的に開かれた最初の公判期日という見解。第2は，被告人の認否手続が終了するまでとする見解である。本条の趣旨が，予断排除の趣旨によるものであることに照らすと，形式的に第一回公判期日を開いたということで

は足りず（京都地決昭36.10.20判時341-4），事件の実体審理に入るまで，すなわち，冒頭手続（法291条）が終了するまでと解する第2説が通説であり，実務の取扱いでもある。

第3は，検察官の冒頭陳述が終了するまでという考え方である。この考え方は，かねてから私が主張したもので，極めて異説である。「第一回公判期日まで」という解釈としては，相当にはみ出し，無理な解釈であることは承知している。しかし，なぜかかる考え方をあえて主張したのかについては，次節において再論する。[1]

冒頭陳述（法296条）は，冒頭手続ではないが，証拠調べに入るはじめになされるもので，証拠調べ自体でもない。予断排除の原則を徹底するなら，実務的にみて，受訴裁判所が保釈許否の判断ができるのは冒頭陳述が了されたのちとすべきであるとする政等的視点にもよる。ただし，裁判員裁判による公判前手続が行われた場合は別途検討する。

2 検察官に対する求意見

(1) 検察官の意見　　裁判所は，保釈許否の決定を決定するにあたって，検察官の意見を聴かねばならない（法92条1項）。これは請求による場合でも，職権による場合でも同じである。検察官の意見は，裁判所に対して，通常書面でなされるが，口頭（電話も含む）でも許される。

求意見と回答の方法は，かつては，保釈請求書の余白に，裁判所から検察官に意見を求める趣旨の文書と，検察官の意見記載欄を設けたゴム印を押印する方法で行われることが多かったといえる。この場合，検察官は，回答欄に保釈を相当と認めるときは「保釈相当」とし，保釈金額その他の条件を付記する。

保釈が不相当と認めるときには，「保釈不相当」として，権利保釈事由の条項などを付記して理由とした。しかし，現在はむしろ，「求意見書」の形式をとって書面での回答を求め，検察官も自ら作成した意見書を提出する方式になっている。特に，検察官が保釈不相当との意見を出す場合，その理由を詳細に記載し，保釈許可を強く阻止するようである。

(2) 意見の拘束力　　裁判所は，検察官の意見に拘束されず，あくまで意見を参考としながら，独自に保釈の許否を判断しなければならない。しかし，

そうはいうものの，検察官の意見が判断に与える影響力は強い。弁護人としては，どうしても検察官の意見書を読み，保釈請求の理由を補充，裁判所を説得してゆく弁護活動が必要であることについて後述する。

なお，検察官に対する求意見は，意見を述べる機会を与えるというものであって，検察官の意見が述べられなければ決定できないものではない。求意見から1週間を経過しても意見が述べられなかった場合，検察官の意見なしで決定がなされた例が紹介されている（書記官事務）が，弁護人としては，せいぜい3日以内に意見回答がなされない場合には，意見を聴かずに決定することを裁判所に迫るべきであり，私の経験としても3日経過の日をもって決定に至った実例が存在する。

3　保釈許否の決定のための事実の取調べ

（1）　**審判のあり方**　　裁判所は，保釈許否の決定をするについて，必要があるときには事実の取調べをすることができる（法43条3項）。

事実の取調べとは，裁判の基礎となる事実関係について資料を調査することであるが，もとより公判廷での決定方法によってなされるものではない（本条2項）。

保釈に関する事実の取調べで主たるものは，保釈請求権者，弁護人，被告人，被告人の家族や雇用主，被告人が治療を受けている医師などからの事情聴取あるいは照会などであろう。取調べの方法は，自由な証明で足りる。証人尋問や鑑定を命じることもできるが，例をみない（勾留決定に対する準抗告審で，証人調べをしたことは経験したことがあるが，保釈の場合は無かったし，実例も聞かない）。

通常，弁護人が，裁判官と面会をして，保釈を求める事情を説明したり，時には被告人の家族を同行し，保釈条件の遵守などについて裁判官から直接事情を聞いてもらったりするが，これは裁判官からすると，事実上聞き置くということで処理されているようである。しかし，法的性格からすると，やはり事実の取調べの範疇にあると考えるべきである（ただし，調書作成の義務まではなかろう）。裁判官によっては，一律に弁護人との面会をしないという方針であるとする者もいると聞く。

決定は，原則として，それが申立てによる公判廷でするとき，または公判廷

による申立てでない限り，訴訟関係者の陳述を聴かなくてもよい（刑訴規33条）という考え方にあると思われる。しかし，法は決定の場合であっても，訴訟関係者の意見を聴く必要があることについて多くの規定を置く。もとより人権保障への配慮である。例えば，勾留決定における被告人（被疑者）の要陳述は，不可欠である（法61条）。

　保釈についても，検察官の意見を聴くことになっているが，これは，権利保釈が原則であり，請求があれば保釈を許可しなければならないということを前提として，意見を求める対象を検察官に限ったとみるべきで，被告人・弁護人など訴訟関係者の意見を聴かなくてもよいということではない。まして，弁護人が裁判官に面会を申し入れ，意見を述べる機会を求めたのに対して，これを門前払いし，しかも保釈請求を却下するなどということは許されるべきでないであろう。

　一方で，裁判官が検察官から捜査記録一式を取り寄せ，これを閲読し，保釈許否の判断をすることはどうか，項を改めて検討する。

（2）　捜査記録取寄せの可否　　問題点は，裁判官が保釈請求の許否にあたって，検察官から捜査記録を取り寄せることの法的性格とその当否である。

　実務では，検察官が，裁判所からの保釈に対する求意見の回答とともにあらかじめ一件記録を裁判所に届けることもあれば，担当裁判官が検察官に連絡をして記録を取り寄せることもある。これらの取扱いは「事実上の運用」であるとして，その性格があいまいにされている。しかし，裁判所あるいは裁判官は，保釈許否の判断にあたって，捜査記録を読み，判断の重要な資料とするのであるから，事実上のものとしてあいまいにすることは問題である。

　やはり，この法的性格は，事実の取調べであると解すべきで，捜査記録の取寄せの法的根拠は，刑訴規187条4項の提出命令にあたると理解するべきである。同規則は「勾留に関する処分」とあるが，保釈の許否の判断も含まれるとすることになる。[2]

　とすると，このような取調べの可否はどうか。第一回公判期日で，被告人が公訴事実を争い，証拠調べがなされていない段階でなされた保釈請求の判断において問題が生じる。刑訴規187条4項の但書（事件の審理に関与すべき裁判官は，

事件につき予断を生じせしめるところのある書類その他の物の提出を命じることができない）に抵触する可能性がある。

しかるに，これまで違法であるとされてこなかったが，違法でないとしても，可能な限り回避されることが望ましいことは当然である。それでは，いずれにしてもどうするかである。私は次のように考えてきた。

すなわち，裁判官が一件記録を閲読しないと，保釈許否の判断がなしえないかといえば，決してそうではない。例えば，最も問題となる証拠隠滅の具体的な可能性は，一件記録から必ずしも明らかになるものではない。裁判官が一件記録の閲読をするのは，実は当該事件の全体の像についての詳細を知ったうえで保釈の許否を判断したいとするからであると思われる。そうだとするなら，裁判所は検察官の冒頭陳述によって事件の内容と争点をほぼ認識するのであるから，あとは検察官に対する求意見において保釈許可の判断にあたって，問題となる事項について意見書の提出を促し，これを弁護人にも明らかにしたうえで，弁護人の反論書の提出と必要であれば疎明資料の追加提出を受けるなどの運用をすることによって適正な判断ができるはずである。

したがって，かかる運用をすすめるうえで，検察官の冒頭陳述がなされるまでは，別な裁判官に保釈の審理を委ねるべきであると考える。その意味で「第一回公判期日」については，冒頭陳述がなされることによって区分するものと解するべきであるとの見解をとったものである。

2 弁護人の留意点

保釈が，憲法上の権利であるのか，刑訴法上の権利にとどまるかについては議論があるが，ここではおく。ただ，被疑者・被告人は，その罪責が適法な手続を経て，有罪判決に至るまでは「罪が無い者」として取り扱われねばならない。

憲法31条は，この「無罪推定の原則」を当然に内包するものであり，保釈の権利も含まれると解する。このことはすでに国際法上も承認されている。

また，この原則から導き出される「身体不拘束の原則」は，憲法31条とともに憲法33条・34条とも強く関連をもつとみるべきであることについてはさして

異論がでないであろう[3]。そうだとすると，裁判所としても，保釈許否の決定において，これまでのようなあいまいな解釈や事実上の取扱いなどという悪しき実務慣行を破って，適正手続の原則に立ち返った判断が求められる。さらに，保釈許否決定の審理について対審的な手続を導入することが検討されるべきである[4]。

その意味で，保釈許否の「事実の取調べ」のあり方，これに対する弁護人らのアプローチは大切な1つの課題となる。ここでは，この点に限って，被告人・弁護人の視座から検討しておきたい。

1 弁護人の「事実の取調べ」に対するアプローチ

弁護人は，しっかりとした保釈請求書を提出し，決定にあたって裁判官と面会するなどして，保釈の許可を獲得するために全力を尽くさなければならないことはいうまでもない。

そこで，まず，保釈請求は書面によるが，その記載にあたってどの程度詳細な意見を付すかである。例えば，弁護人は第一回公判期日前には，必ずしも充分な事実関係を把握している訳ではない。被告人の弁解を鵜呑みにしたまま事件についての詳細な意見を付したためにかえって墓穴を掘ることがある。

一方，裁判官は，保釈許否の判断にあたって，検察官に対する求意見の回答を待って検討を開始することになるから，決定に至るまでに平均2日間位を要することになる。そこで，保釈決定を受けるために，とりあえず簡略に理由を記載した書面をすばやく提出し，手続の流れに乗せた後に，問題のある事案については補充書を提出することを考えるのも一考である。

補充書の作成提出あるいは裁判官との面会にあたっては，事前に検察官に面会を求め，保釈を許可するうえで検察官が問題であると考えている事項をさぐり，さらに時間の許す範囲で，弁護人側の理由・主張についての裏付けをとって意見を記すことになる。

さらに，裁判官との面接において，検察官の意見書や疎明資料の閲覧が可能であるとすれば，弁護人はこれを閲覧したうえで面会をすることによってポイントをはずすことなく議論することが可能となり，被告人の利益につながることは確かである。が，実務上，その取扱いは裁判官によって区々であるが，多

くの裁判官は意見書の限りでは事実上閲覧を許すが，記録の閲覧については消極的なケースが圧倒的に多い。なお，最高裁平7.11.28決定は，弁護人に対して検察官の意見書の閲覧・謄写を許さなかったのは是認できないとした[5]。弁護人としてはこの決定を実践において充分頭に入れておくべきである。

2　検察官提出の資料の閲覧の可否

この問題に対する結論からいえば，可とすべきである。すでに述べたとおりであるが，保釈請求に関する許否の裁判は，勾留に関する裁判官の処分であることは当然のことである。通常，裁判官が検察庁から捜査記録を取り寄せ検討しているのは，刑訴規187条4項によって書類の提出を命ずることができることを根拠とする。これは，法43条3項によって裁判官が命令をするのに必要な事実の取調べの特則として定められたものである。

したがって，保釈許否の裁判のために，裁判所内にある記録は，検察官の意見書も合せて，「訴訟に関する書類」であるということになる。そうすると弁護人は法40条によって公訴の提起後は，裁判所において，訴訟に関する書類および証拠物を閲覧あるいは許可を得て謄写することができるのであるから，保釈に関する一切の書類を少なくとも閲覧する権利を有していると考えるべきことになる。

それにもかかわらず，このことが許されないとする考え方をとる第1の根拠は，検察庁からの捜査記録の取り寄せが，事実上のものであるとすることにあると思われるが，この点の不当性についてはすでに述べた。第2は，法47条の訴訟に関する書類は，「公判の開廷前にはこれを公にしてはならない」に抵触するとするのであろう。

確かに，「公にしてはならない」義務は，検察官のみならず，裁判官，弁護人も負う。しかし，同法は但書において，「公益の必要その他の事由があって，相当と認められる場合にはこの限りではない」とした。当該事件の訴訟関係人については，当該事件の審理の適正を担保するために公判開廷前であっても公益上の理由により相当と判断して開示されるべきである。

しかも，弁護人は，法40条によって公訴の提起後は，裁判所において，訴訟に関する書類および証拠物を閲覧できるのであるから，保釈許否の判断にあ

たって，裁判所に送付された捜査記録を閲覧することは許されることになる（なお，謄写権もあるが，保釈判断の時間的関係などから相当とはいえないであろう）。

1) 丹治初彦「保釈請求権」（『実務刑事弁護』三省堂，1990年）
2) 同旨，渡辺修「保釈と証拠開示」（『捜査と防御』三省堂，1995年）
3) さしあたり，村井敏郎「無罪推定の原則」（『光藤景皎先生古稀祝賀論文集〈上〉』成文堂，2001年），豊崎七絵「身体不拘束の原則の意義」（福井厚編『未決拘禁改革の課題と展望』日本評論社，2009年），白取祐司「『無罪の推定』と未決拘禁制度」（『田宮裕博士追悼論集〈下〉』信山社，2003年），葛野尋之『刑事手続と刑事拘禁』（現代人文社，2007年），川出敏裕「身体拘束制度の在り方」（ジュリ1370号107～114頁）など。
4) 私は，保釈許否の裁判は，将来的には対審構造がとられるべきであると考えてきた。この点についてドイツの立法改正が参考となるが，第3部において斎藤司准教授から詳しく説明を受けたい。
　　ともあれ，わが国の実務の現状は，少なくとも大幅に改善されるべきであるし，対審化構造に近づく改善は解釈上可能であるとの視点から論じてきたものである。
5) 最高裁平7.11.28決定（公刊物未登載）は，浦和地方裁判所がした保釈請求却下決定に対する準抗告棄却決定に対する特別抗告の申立てに対する決定であるが，同決定は抗告の申立てを刑訴法433条の抗告理由にあたらないとして棄却した。
　　ただ，理由中のなお書きとして「なお，検察官の意見書について，弁護人に閲覧・謄写を許さなかった点は是認できない」としたもので，注目すべきである。

第3章
保釈の原因

1 保釈の類型と要件

1 保釈の類型

　保釈の種類には，権利保釈（必要的保釈），裁量保釈（任意的保釈），義務的保釈の3種がある。保釈要件の違いによる分類であるといえる。

　保釈請求者（法88条）から，保釈請求があれば，裁判所は保釈を許可しなければならない。これが権利保釈（法89条）であり，原則である。旧法での保釈は，裁量保釈に限られていたが，「被告人は有罪判決を受けるまでは無罪と推定される」との思想による英米法の原理が導入され，現行法で初めて認められたもので立法経過については第1部第1章において詳しく述べたとおりである。

　しかし，わが国は，例外としての不適用事由が広い。法89条1号から6号までの制約であり，権利保釈除外事由といわれる。もっとも，保釈請求が法89条各号に該当し，権利保釈から除外された場合でも，職権により，裁量をもって保釈を許可することができるとしたのが裁量保釈（法90条）である。

　そして，勾留による拘禁が不当に長くなったとき，保釈請求により，または職権で保釈を許可するとしたのが義務的保釈（法91条）である。

2 保釈要件の実務

　実務では，ほとんどの場合，弁護人によって権利保釈としての請求がなされるが権利保釈の除外事由が広く，各事由の解釈，そのあてはめをめぐって厳しく争われてきた。とりわけ3号・4号が問題となる。権利保釈が制度化された立法経緯を再点検し，憲法の理念を活かした人身の自由の保障，被疑者・被告人の防御権保障と当事者主義の徹底という視座に立った解釈，そして最終的には法改正が図られねばならない。

　そこで裁判所は，法89条の除外事由に該当し権利保釈が認められない場合で

も，柔軟に裁量保釈を認めてゆくべきであるが，この点については，すでに実務上請求に基づく保釈請求があった場合には，権利保釈の可否と合わせて裁量保釈の可否についても判断することが運用として確立されているといってよい（最決昭29.7.7は抗告審ないし準抗告審が裁量保釈の当否も審査できるとした。刑集8-7-1065）。

　裁量保釈は，職権による恩恵的なものでなく，権利としての請求であると解するべきである。裁判所は，保釈請求者から保釈請求があった場合，権利保釈の判断にとどまらず，裁量保釈をすることについての可否も判断しなければならないことになる。問題は「適当と認めるとき」の判断基準如何である。

3　義務保釈

　義務保釈については，実務上，ほとんどみることができない。むしろ，不当に長くなった勾留は，勾留の取消しによって解決すべきであろう。被告人が請求として保釈と勾留取消しのいずれを選択するか，あるいは双方とも請求するかは自由である。

　以下，権利保釈と裁量保釈を中心に検討する。

2　権利保釈

1　権利保釈の趣旨と範囲

　(1)　保釈の原則　被告人は，有罪確定までは，無実の者としての法的地位が保障されているという意味での「無罪推定の原則」をもとに，現行法下で，はじめて認められた制度であることはすでに述べた。さらに，身体不拘束の原則（憲34条・自由人権規約など）は，被告人の防御の保障という視点からも強く求められており，保釈制度の活用は重要な位置を占めることになる。

　そこで，法は，適法な保釈請求があった場合，「これを許さなければならない」，すなわち「必ず保釈を許すべし」（必要的保釈）とすることを原則とした。

　(2)　例　外　しかし，法は一方で，例外としても権利保釈不適用事由を定めた。

　その第1は，「禁固以上の刑に処する判決」（法344条）があった場合である。もとより実刑判決に限られ，執行猶予付き判決は含まれない。

実刑判決が無罪推定の原則を破り，刑の執行の確保の必要性が生じることによるとされる。なお，保釈申立ての乱上訴を防ぐ趣旨であるとする見解もあるが，裁判を受ける権利の保障にかんがみて排斥されるべきである。実刑判決言渡し後の再保釈（法343条）は，裁量によって許されており，再保釈の要件をどのように考えるかについては第7章で明らかにする。

その第2は，法89条1号ないし6号の権利保釈の除外事由である。以下，この稿では，権利保釈除外事由の各規定を概観したうえで，続いて「権利保釈除外事由と余罪」の関係について整理をしておくことにする。

2　権利保釈の要件

法89条本文は「左の場合を除いて」保釈を許可しなければならないとした。そこで，権利保釈の許否にあたっては，各号規定の該当事由の存否が決定的要因となる。

（1）　1号（一定の重大な罪を犯したものでないこと）　本条1号は，いわゆる重罪の事件について，権利保釈の対象から除外する趣旨である。有罪判決がなされると，死刑または無期，もしくは短期1年以上の懲役もしくは禁固という重い刑が処せられる可能性がある場合で，保釈保証金の担保によって逃亡を防止できないと定型的に考えられたことによるとされる（逃走防止類型の規定）。

本号の「罪を犯した」というのは，現にその罪を訴因として起訴されている意であるから，いわゆる「公訴事実」記載の事実によって判断される。訴因の変更があった場合は，変更後の訴因によって本号の該当性が判断されることになる。本号該当の有無は，法定刑（罰則に規定された刑）によって判断されるとするのが，学説・判例の一致した考え方である。ただ，実務上2，3問題が生じる。

1つは，法定刑中に，短期1年以上の懲役刑のほか，罰金刑が法定されている罪に関わる事件についても適用があるか。

すなわち，法定刑の最下限が短期1年以上の懲役もしくは禁固にあたる罪に限定すべきで，最下限の罰金の定めがあれば適用されるべきでないという見解の当否である。

この点について，最高裁昭59.12.10決定（刑集38-12-3021）は，「職業安定法

63条の罪のように，短期1年以上の懲役刑のほか，選択刑として罰金刑が法定されている場合においても法89条1号の適用がある」とした。ただし，最高裁も地方裁判所に公訴が提起された場合という限定をおいていることを忘れてはならない。

2つは，幇助犯の場合であっても，正犯の罪の法定刑を基準として本号の罪に該当するとするのかである。すなわち，幇助犯は必要的減軽がなされる（刑63条）。正犯の罪の法定刑の短期が1年であっても幇助犯の刑は6カ月となるから，従犯として減刑される刑が実質的な法定刑であるという見解をとりうるかである。

この点について，大阪高裁平2.7.30決定（高刑集43-2-96）は，営利目的麻薬輸入罪（法定刑の短期が懲役1年）の幇助として起訴された被告人からの保釈請求について，「幇助として起訴された従犯の減刑が必要的になされる場合であっても，減刑前の正犯罪の法定刑を基準とするものが正しい解釈と解される」として本号の適用を肯定した。確かに，1号の解釈が法定刑を基準とするものであるとする以上，処断刑によって修正するというのは正しい解釈ではないというのであろう。しかし，当初から幇助犯として公訴提起がなされていることにもかかわらず，これを正犯としてあてはめることにはなお疑問が残る。

さらにいえば，死刑あるいは無期が予想される事件を権利保釈の除外とすることには，それなりの理由が認められようが，短期1年以上の懲役または禁固にあたる罪という制限の置き方自体問題であるといえる。なぜなら，これらの罪を犯した者の逃亡のおそれが高いという実証的裏付けがない。

また，法定刑の引き上げによって法89条1号該当の犯罪を多くし，政策的に保釈を許さないという運用がなされる危険性をもつからである。そうであるとするなら，法定刑を基準としながらも運用において柔軟な解釈がとられてもよいと考えたい（前掲判例の結論に反対）。

立法論としては，権利保釈の除外事由を死刑または無期にあたる罪に限定すべきである。

(2) 2号（前に一定の重大な罪で，有罪の宣告を受けていないこと） 本条2号は，被告人が前に「死刑又は無期もしくは10年を超える懲役もしくは禁固に

あたる罪」で有罪判決を受けたことがある場合を除外事由とした。

「前に」というのは，保釈の許否を決定する時点を基準として，それ以前ということである。「受けたことがある」とは，宣告があればよく，判決の確定まで要しない。ただし，上訴による刑の変更，刑の消滅，恩赦・特赦により刑の言渡しが効力を失った後は本号は適用されない。また，執行猶予期間が経過した場合も，本号の適用はない（広島高決昭47.1.7判時673-95は，被告が前に強姦未遂の罪により有罪判決の宣告を受けた事案において，適用を否定している）。ただ，勾留・起訴された訴因が，どんな軽微な事件であったとしても，被告人が前に宣告刑を受けた刑が本号に該当すれば，権利保釈から除外されることになる。

裁判例として，暴行罪の訴因で起訴された被告人が，保釈請求をしたのに対して，前に受けた罪が本号に該当するので権利保釈から除外されるとしたものがある（東京高決昭54.1.30東京高検速報1784-18）。暴行罪による勾留自体問題があるが，実質的根拠は前科の存在であったと思われる。そのうえで，さらに本号によって保釈を許さないというのは実務感覚としておかしいといえまいか。

そこには，勾留と保釈の運用によって，再犯防止をはかるという思想が背後にあるとみてよい。本号は，1号同様に，逃走防止の類型化事由と解されるが，裁判実務家の中にも，本号が保釈中の再犯を防止するための政策的意味をもつ規定とする考え方がある（中島・報告335頁）。

このような考え方は，本号を再犯防止の類型化事由として，これを根拠に，法60条の勾留目的の1つに再犯防止機能という保安処分的目的を取り込むという思考につながる危険性のあることに留意しておくべきである[1]。立法論としては前号同様死刑または無期に限定すべきであろう。

（3）　3号（常習として一定の重大な罪を犯したものでないこと）　本条3号は，被告人が常習として，長期3年以上の懲戒・禁固の罪を犯した罪である場合を，除外事由とした。長期3年以上とは3年を含み，この場合にも法定刑という。

「常習として」とは，現に起訴されている罪について常習性があるという意味で，常習性が構成要件に取り入れられた場合（例えば刑186条1項，盗犯等防止法2条ないし4条，暴力行為等処罰に関する法律1条2項・2条1項など）のみでなく，常習性が認められる場合をいう。「常習性」については，行為そのものの属性

でなく，行為者の属性であるとするのが判例の立場である。

　したがって，本号の該当要件は，3年以上の懲役または禁固にあたる犯罪に該当し，かつその犯罪が被告人の常習性の発現によってなされた場合ということになる。この点については学説・判例とも争いがない（古い判例として，東京高決昭29.7.15判タ546-135があり，それ以降の判例においても例外を見出しえず，一貫している）。

　そうすると，実務において，ごくありふれた犯罪である窃盗罪や傷害罪（平成21年の司法統計によると公判請求人員について，両事件の占める割合は31.7％となる。曹時63巻2号45頁）で勾留されたとしても，当該犯罪行為が，その常習性の発現としてなされたものであることが認められれば，権利保釈の除外事由となり，保釈の制限が拡大され被告人・弁護人を悩ませることになっている。また，解釈上も，常習性の認定基準は，その判断の法的枠組が定められていないから，基本的には，実体法における常習性の認定について議論された手法を用いることにならざるをえず，その場合の判断資料として前科あるいは余罪が有力な資料となるが，はたして「事件単位の原則」と矛盾しないか，やっかいな問題が生じる。この点については，次の「権利保釈除外事由と余罪」の項で検討する。

　さらに，本条1号あるいは，2号の該当事由の有無は形式的に判断できるが，本号の事由は，「常習性」の存否という事実認定が求められており，はたして，保釈許否の判断になじむものであろうかという疑問も生じる。

　検察官が，累犯窃盗や常習傷害での勾留・起訴を選択せず，あえて刑法上の単純窃盗，単純傷害で起訴する理由の1つには，「常習性」の認定が決して容易ではないことによると思われる。現に「常習犯罪」として起訴されて事案であっても，その認定が必ず裁判上の争点となり，公判審理を経た場合での事実認定ですら難しい問題を残している。

　それにもかかわらず，一般的にみて，被告人に弁解の機会も与えず，証拠能力の有無の吟味がされていない検察官提出の資料にのみに依拠することになる保釈決定において，迅速かつ適正な判断をすることは極めて困難であるといわねばならない。その結果，被告人・弁護人側から，裁判所が，本号のあてはめによって，保釈を許可しない方向で，ずさんな運用をしているのではないかと

いう批判が絶えないことになる。

　もっとも，裁判例として「詐欺事件で勾留・起訴されている罪のほかに，他の別件の15件の詐欺事件があったとしても，被告人に常習性があるかどうかは，右15件について有罪・無罪の判断ができない以上即断し難い」とした（名古屋高決昭30.1.13高刑判特2巻1，2，3合併号）ものがあるが，この間の事情を素直に認めているものといえよう。

　とすると，本号該当事由の要件自体に構造的欠陥があり，立法論としては削除されるべきであろう。

　(4)　4号（罪証隠滅をすると疑うに足りる相当な理由がないこと）　本条4号の規定の仕方は，勾留の法60条1項2号のそれと同じである。1号ないし3号のような罪種に限定がない。

　保釈は，逃走防止を目的とする勾留に代わりうるが，罪証隠滅の防止目的の勾留に代わりえないから，権利保釈の除外事由とされるとするのが，その趣旨である。それ故に，勾留の要件と権利保釈除外事由としての罪証隠滅の相当性の判断は同一であって「その程度を区別すべき事由がない」と解されてきた（例えば中島・報告357頁）。

　しかしおおいに疑問がある。理論的にもそうであろうか，そして実務の運用においてもかかる解釈が根っこになって，本号が極めてゆるやかに適用され，その結果「人質司法」となっている批判を招く要因となっているのではないか。保釈が，憲法上の権利であるとする立場からは「罪証隠滅」を権利保釈の除外事由とすることに違憲の疑いがあるという主張がなされている[2]。

　ただ，憲法違反という構成は困難であり，明文として存在する以上，除外事由の適用を受けることは否定できない。が，原則として保釈を許可するという方向での解釈と運用が図られるべきであるという理念については，反対すべき合理的理由を見出しえない。そこで，本号の解釈・運用にあたって，次の諸点が問題として提起されることになる。

　第1は，法60条1項2号の，罪証隠滅の「相当の理由」と本号のそれとを同一に解釈してよいかである。通説的見解によると，両規定のいずれについても，①罪証隠滅の対象，②態様，③客観的可能性，④主観的可能性の4つの側面か

ら，各要因につき具体的資料から分析したうえで，総合的に罪証隠滅の蓋然性の有無を判断するものとする。その限りで解釈上の差異はない。しかしながら，その判断は，それを「高度に と」表現してみても，あくまで「予測的蓋然性」であり，かつ判断基準が共通である以上，保釈の余地がなくなる。あるいは極めて制限的になることはみやすい。

　やはり，本号は法60条1項2号の場合よりも限定的解釈（あてはめの厳格解釈）が求められる。

　その理由の第1点は，起訴後である以上，検察官は当然に有罪立証に必要な証拠を確保しており，罪証隠滅のおそれは大きく減少し，しかも被告人側から確保された証拠に対するアクセス（人証への働きかけ，物証の隠滅など）は，客観的にできにくいこと。第2点は，起訴後には当事者主義の要請が捜査段階より強く働くにもかかわらず，罪証隠滅を理由に釈放されないことによって被告人の防御権が著しく制約されること。第3点は，保釈の許可にあたって，法93条3項の「適当と認める条件」を付すことによって，罪証隠滅を防止できること，などによる。

　それではどのような基準を立てるべきか。

　それは，検察官がすでに重要な証拠を確保したことを前提として，なお有罪立証に重大な支障をきたす証拠（量刑事情に関する資料は除外されるべきであろう）を隠滅することが，ほぼ確実に予想できるか否かを基準とし，それが具体的資料によって裏付けられることである。この点について，本章注2）の川崎論文が，本号の解釈として罪証隠滅の「明白かつ現在の危険」としてとらえ直す必要があるとするのも同趣旨であろう。

　第2は，実務において「否認（黙秘）している」あるいは「共犯者の存在」を理由として，保釈が許されない傾向にある現実をどのように克服するかである。

　また，立法論としては本号は削除・撤廃されるべきであると考える。この点については，第3部の「保釈の課題と展望」において検討する。

　(5)　5号（事件の関係者に害を加えるおそれがないこと）　本号は，被告人が「審判に必要な知識を有する者」や「その親族」に対して，身体・財産に害を加えたり，畏怖させたりするおそれがある場合を除外事由としたもので，いわ

ゆる「お礼参り」を防止する趣旨である。

「事件の審判に必要な知識を有する者」とは，人証一般を示す。ただ，罪体に関する証人に限らず，情状証人も含むかについては問題がある（肯定する判例として，大阪高決昭37. 11. 14高刑集15-8-639）。「その親族」とは，民法上の親族に限定されず，内縁の配偶者を含むことになろう。

本号は，4号の事由をさらに具体化したもので，昭和33年の改正によって，「充分な理由」が「相当な理由」へと変更されたが，なお4号以上に，具体的な事実が認められるものであらねばならないと解するべきである。

(6) 6号（氏名または住居が不明でないこと）　本号は氏名か住居のいずれか一方が分からない場合を除外事由としたものである。公判への出頭確保が困難になるからである。住所が不定である場合も「住所不明」にあたる。が，保釈請求段階で「身柄引受書」などによって，住所が定まれば適用されない。

3　権利保釈の除外事由と余罪

(1)　余罪の意味　余罪という用語は，例えば捜査機関に未発覚の事件を余罪といったり，前歴を余罪といったり，広く多義的に用いられており，1つの定義へのあてはめは難しい。

ただ，一般的には「本罪（逮捕・勾留の基礎となった事実あるいは公訴事実）からみて，後に，これを併合審理される可能性のある犯罪事実」とされるので，とりあえずこれに従う。

(2)　問題の所在　さて，問題の所在は，本罪について適法な保釈請求があった場合に法89条所定の「権利保釈の除外事由」の判断にあたって，非勾留事実（勾留されれば問題の生じる余地はない）である別の犯罪事実（以下，これを「余罪」という）を考慮できるかである。

もっとも，法89条2号と6号は余罪の関係は生じない。問題となるのは主として1号・3号・4号・5号である。また，主として問題となるのは，本罪と余罪が併合罪の関係に立つ場合であるので，その限りで検討することにする。

ところで，検討にあたって，次の2点を整理しておく方がよいであろう。

第1は，本罪の訴訟の進行に応じて，余罪が捜査中である段階，余罪の捜査が遂げられ追起訴がなされたが併合されていない段階，併合審理がなされた段

階へと至るが，段階によって結論が異なるか。

　第2は，「余罪を考慮すること」ができるかという場合，余罪を本罪の勾留原因事実と同様にみて直接判断の対象とできるか，あるいは，本罪の除外事由の存否を判断するための資料の一としてよいのか，いずれもできないとするかである。

(3)　検　討　第1点について，まず余罪が捜査中である場合，その余罪は本罪の保釈請求の判断の対象外であることに問題はなく，争いもない。

　かつて検察官は，保釈請求に対する求意見（法92条）に対して「余罪捜査中あるいは追起訴予定」などとした意見書を提出し，保釈反対理由としていたが，現在はみられなくなった。当然のことである。ただ，この場合，弁護人としては，本罪で保釈許可をとっても，余罪で身体拘束を受けるおそれがあって，そのことを充分はかって保釈請求をすることになる。余罪が本罪より重い罪か軽い罪か，また検察官がどのような方針をとるかなどを探りながら，保釈請求の時期を決断しなければならない。

　次に，余罪が追起訴された場合，本罪と併合審理されたか否かで区分し，追起訴があっただけでは考慮できないが，併合審理された場合には考慮できるとする考え方がある。

　その1つは，追起訴事件について形式上勾留は発せられていないが，現実には，前に起訴された本罪の事件の勾留状の効果が追起訴事件に及ぶとして，刑訴規18条の2を根拠とするものである（中島・報告354頁）。しかし，刑訴規18条の2は，弁護人選任の効力に関する規定で，同規定の趣旨は，弁護人の選任は事件単位で行われることを前提とし，当事者（被告人）の意思と手続上の便宜を図ったものであって，解釈上無理がありすぎる。

　さらにその1つは，いわゆる手続単位説からのアプローチである。併合されることによって，手続上事件は1つになるから，勾留の競合は否定されても勾留理由の競合を肯定して統一的に処理してよいとするものである（例えば渥美）。

　この考えの狙いが，実務上複数の勾留や勾留処分による複雑な手続を解消させることにあることは理解できる。しかし，司法審査が及んでいない非勾留事実を考慮することは，事件単位の原則に反するもので，理論的に承服し難い。

事件単位の原則に立つと、もとより併合の有無によって左右されない。第2の側面からさらに検討する。

　余罪をもって直接判断の対象とすることができるかというのは、例えば、本罪が勾留手続を経て窃盗罪により起訴されその後非勾留事実たる殺人罪で追起訴された場合、本罪は権利保釈の対象となるが、殺人罪は法89条1号に該当する、あるいは窃盗罪で起訴されその後非勾留事実たる詐欺罪で追起訴された場合、詐欺罪について証拠隠滅のおそれが高く4号に該当するとしたら、各追起訴が1号あるいは4号該当である故をもって、本罪の保釈請求の許否を判断してよいかである。

　被告人単位説、あるいは前記手続単位説に立つと（併合審理がなされれば）、保釈請求を却下してよいという結論になる。

　これに対して、事件単位説に立つと、本号に定める除外事由の存否は勾留事実のみを基準として判断すべきことになるから、保釈を許可しなければならないことになる。事件単位説が通説である。

　すなわち、身体を拘束するためには、裁判官が本人に主張・弁論の機会を与え（法61条）たうえで、これを告知し（法62条）、かつ不服申立て（準抗告）の権利を担保（法429条）するという慎重な手続を要する。また勾留状には原由となる公訴事実の要旨（被疑事実）の記載が求められており（法69条）、勾留に関する効果は、原則として勾留状に記載されている公訴事実以外にこれを及ぼすことは許されないのである。したがって、勾留の裁判の執行の停止を本質とする保釈についても、勾留に付されている公訴事実に基づいてのみ判断されなければならず、司法審査が及んでいない余罪を判断対象とすることはできない。これが理論上の帰結である。

　判例として最初に登場したのは、名古屋高裁昭30.1.23決定（高刑裁特2-1,2,3併合）および福岡高裁昭30.7.12決定（高刑集8-6-768）である。いずれも、法89条各号の権利保釈の除外事由の存否は、勾留状記載の犯罪事実のみを基準として決定すべきであるとしており、これが実務の大勢である（その後の判例として、例えば高松高決昭41.10.20下刑集8-10-1346、最決平13.1.15裁判集280-10など）。

　もっとも、事件単位の原則を前提とするが、法89条1号・3号の場合には逃

亡のおそれを権利保釈の除外事由とし類型化したものであるから，余罪を対象として判断してよい。同4号・5号は，証拠隠滅のおそれを類型化したものであるから，判断の対象とはできないという折衷説というべき見解もある。この考えに立つと，先にあげた設例で，追起訴が殺人罪の場合には保釈請求は却下される。追起訴が詐欺罪（証拠隠滅のおそれ）の場合には保釈を許可することになる。逃亡類型の場合には，本罪の窃盗罪の審理に支障が生じるが，証拠隠滅の場合には，本罪の審理に支障が生じないことを根拠理由とする。

本罪が銃砲刀剣等所持取締法違反，非勾留事実が殺人未遂でかつ併合審理されている事案について「殺人未遂の法定刑に照らすと，法89条1号の場合に該当し，権利保釈から除外される」とした決定例（仙台高決昭40.9.25下刑集7-9-1804）もみられる。しかし，いずれにしても便宜主義的でありすぎる。

やはり，事件単位の原則は厳格に解すべきであって，被告人に防御の機会を与えていない非勾留事実を考慮することは許されない（昭和40年に最高裁事務総局が示した見解でもある。刑裁資料174号）。

また，検察官としても，通常，本罪の勾留事実が1号に該当しない軽罪で，余罪が1号に該当するような重罪である場合には，当然余罪についても勾留手続を踏むものであるし，余罪が本罪と同程度あるいは軽罪であっても，証拠隠滅の可能性が明白であるとするなら，追起訴にあたって「別件勾留中求令状」として，裁判所の職権発動を促し，勾留状の発付（この場合，裁判官は法61条によって，被告人の陳述を聞かねばならないから，一応被告人に防御の機会は与えられる）をとればよいので，事件単位の原則の本質的部分を崩してまで裁判所が被告人の身体拘束に積極的であってよいはずもない。

次に，余罪を直接の判断対象としてはならないとしても，本罪の判断をするために，その判断の一資料として余罪を考慮することができるかである。事件単位の原則を貫く以上，一資料としても考慮すべきでない（否定説）。ただし，3号の「常習」の判断については，別途検討を要するというのが私見である。

学説の多くは，肯定説に立つ。あくまで一資料として考慮するにとどまるなら，事件単位の原則に接触しないとみる。さらに最高裁昭44.7.14決定（刑集23-8-1057）を根拠とする。

同決定は「被告人が甲・乙・丙の三個の公訴事実について起訴され，そのうち甲事実のみについて勾留状が発せられている場合において，裁判所は，甲事実が法89条3号に該当し，したがって，権利保釈は認められないとしたうえ，なお，同法90条により保釈が適当であるかどうかを審理するにあたっては，甲事実の事案の内容や性質，あるいは被告人の経歴，行状，性格等の事情も考慮することが必要であり，そのための一資料として，勾留状の発せられていない乙・丙各事実をも考慮することを禁ずべき理由はない」と判示した。本決定は裁量保釈の可否の審理の場合であるが，これを権利保釈の除外事由があるか否かの判断に対してもあてはまると解することによる。

しかしながら，本罪の権利保釈の判断につき，直接判断の基準とすることはできないが，一資料としてなら考慮できるとしても，現実には両者の区分が不透明となることが避けられないし，程度の差はあれ，非勾留事実によって，権利保釈の権利を制限する結果になることに変わりがないのであって，肯定することはできない。

さらに，最高裁昭44年決定の核心は，単に一資料としてであれば余罪を考慮してもよい点にあるから，権利保釈についてもあてはまるとするのだが，はたしてそう読むべきか。本決定は「同法90条により保釈が適当であるかどうかを審査するにあたっては」と限定しているところに意味があり，しかも決定は弁護人が特別抗告の理由として前掲高松高裁昭41.10.20の判例に違反するとした点について，論点を異にするとして同判例を否定したものではないのであるから，本決定の射程は，むしろ裁量保釈の可否の場合に限られると解するべきであろう。

もっとも，法89条の3号の「常習として」の認定のために，現在の実務では非勾留の追起訴にかかる余罪を判断の一資料として考慮されることになることは避けられないし，これを否定する理由は事件単位の原則からも出てこないので，例外とした。

しかし，3号の規定自体には強い疑義がある。

3 裁量保釈

(1) 権利としての裁量保釈 権利として，保釈請求が認められるか，あくまで職権によるものか（この場合には職権発動を促すにとどまる）については若干の争いがある。が，法90条は請求に基づく裁量保釈を包含する規定と捉えるべきで（詳しくは本章注4）三井(2)），職権発動にとどまらず権利としての請求権があると解すべきである。

裁判実務においても，権利保釈にあたらない場合には進んで裁量保釈について判断されている（東京高決昭29.4.21判時40-73）。また，抗告審ないし準抗告審において，権利保釈の判断に対する不当性のみでなく，裁量保釈のそれも主張しうる（最決昭29.7.7刑集8-7-1065）ことが，運用上確定されていることはすでに述べた。問題は，その基準がどうかである。

(2) 裁量保釈の基準 法は，「適当と認めるときは」と規定するのみで，具体的基準を設けていないから，裁判所の自由裁量に委ねる趣旨であるということになる。ただ，自由裁量であるとしても，保釈制度の目的・機能に照らして具体的，合理的な判断がなされなければならないことはいうまでもない。

このことの関連において，保釈の決定書との点で後述するが，裁量保釈も請求権である以上，単に「裁量保釈も認められない」として，その理由を一切付さないことは許されない（法44条）と考えておきたい。少なくとも改善がなされるべきである。

さて，裁量保釈の基準をめぐっては2つの考え方がある。

その1つは，被告人の身体拘束を解く特別な事情を要するとするのである（東京地決昭48.1.18刑月5-1-89）。もう1つの考え方は，必要的保釈にあたらない場合でも，相当な保証金を定め，条件を付すことによって逃亡および罪証隠滅を阻止し，公判審理を適正に維持することができる場合には許可するべきであるとするものである（東京地決昭40.4.16下刑集7-4-787）。後者の考え方が採用されるべきである。

そして例えば，法89条1号の除外事由に該当するとしても，当該犯罪の性質，犯罪と態様，被告人の経歴，家族関係などの評価をして，保釈金によって出頭

確保が期待できるか，4号にあたるとされた場合でも保釈金の納付に加えて有効と認められる任意条件を付すことによって裁量保釈を許可できるかという視点から個別具体的に合理的判断がとられるべきである。

実務において，前者の考え方が有力とされた（例えば本章注4）川上）が，むしろ現在の実務は後者の考え方がとられているとみてよい（例えば，最決平14.8.19刑集281-1，最決平22.4.7判タ1322-283，最決平22.7.2判タ1331-93）。

特に，裁判員裁判をめぐって保釈運用のあり方について新たに問題提起がなされている[6]。この点については第3部において議論する。

なお，裁量保釈の判断にあたっては，最高裁昭44年決定によって，勾留の理由となった犯罪以外の事実を考慮することは差し支えないとされたが，あくまでも資料としての限度にとどまるべきであって，その限度を超えてはならないし，その資料となる余罪は追起訴された事実に限定されるべきである。

4　義務的保釈

法91条は，憲法38条2項が「不当に長く拘留若しくは拘禁された後の自白」の証拠能力を否定した趣旨を受けて，不当に長い勾留による拘禁について，裁判所に勾留取消または保釈を許すことを命じたものである。

本条にいう「勾留による拘禁」とは，勾留によって現に身体を拘束されている状態を意味する。

「不当に長い」というのは，単なる時間的観念でなく，事案の性質，態様，審判の難易，被告人の健康状態，その他諸般の状況から，総合的に判断される相対的観念であるとされている（名古屋高決昭34.4.30高刑集12-4-456）。

例えば，判例として，勾留が1年5カ月に及んでも，訴因の数（詐欺・傷害罪などの併合），証人の人数が多く（取調べ証人200名余），被告人の健康状態に応じて勾留中に2回，勾留の執行停止を行っている事案で，「不当に長くなった」にはあたらないとしたもの（前掲名古屋高裁昭34年決定），自白の証拠能力の関連においてではあるが，単純な1回の窃盗罪でその身体を逮捕後109日間拘禁し，108日目に被告人がはじめて犯行を自白した事案で，右自白は不当に長く勾留，または拘禁された後の自白としたもの（最判昭23.7.19刑集2-8-944），あるいは，

痴漢行為の現行犯人として逮捕され起訴後78日間勾留されたという事案で「身体拘束の不必要な長期化を避ける為の配慮が十分であったとはいえない」(最決平14. 6. 5判時1786-160) としたものなどがある。

最高裁の2つの決定は，いずれも被告人・弁護人から保釈請求がなされておらず，裁判所も職権によって勾留取消しあるいは義務的保釈を命じなかったもので，裁判所としても，また弁護人の弁護活動としても大きい課題を残したものといえる。

1) 権利保釈の除外事由の類型化を検討する意味は，保釈基準の設定を明確にするところにある。その場合，保釈許否の要件は，その本質において勾留の目的と統一的に解するべきであって，刑事政策的配慮から再犯防止の機能を持ち込むべきでない。勾留制度の趣旨にそぐわないからである。
　文献としては，小瀬保郎「権利保釈の制限」(捜査法大系Ⅱ) および塚原朋一「余罪と権利保釈の除外事由」(特集・〈捜査と人権〉判タ296号330頁) などがわかりやすく，よくまとまっていて参考となる。
2) 川崎英明「保釈の憲法論と罪証隠滅」(刑弁24号64頁)，村岡啓一「国際人権法の利用の仕方」(同24号69頁)。
3) 金谷利広「権利保釈の除外事由」(司法研修所報28号32頁)。
4) さしあたり，三井(2)(333頁以下)，村上博信「保釈―裁判の立場から」(『新刑事手続Ⅱ』悠久社，274頁以下)，川上拓一 (大コメ171頁以下)。
5) 結論同旨として，庭山英雄「保釈と余罪」(捜査法大系Ⅲ)。
　なお，前掲三井(2)も，最決昭44. 7. 14の射程は裁量保釈の可否の審理の場合に限られるとの解釈も可能であるとしている。
6) 松本芳希「裁判員裁判と保釈の運用について」(ジュリ1312号128頁)。

第4章
保釈の条件

　裁判所あるいは裁判官（以下，「裁判所」という）は，保釈を許可する場合，必ず保釈金額を決定しなければならない（法98条1項）。

　これは，逃亡や罪証隠滅を防止するために保釈金の納付を条件として，勾留の執行を停止し，被告人の身体の拘束を解くとする保釈制度の本質から不可欠の条件であって，これを保釈の「必要的条件」という。

　さらに，保釈に際して，住居制限等適当と認める条件を付すことができる（法93条3項）。これは必要に応じて付されるものであるから「任意的条件」といわれる。

　この章では，保釈条件とは何か。そして一旦定められた条件を，その後における事情の変更等を理由として，変更できるかを問題とする。

1　必要的条件（保釈金額の決定）

（1）　**必要条件としての保釈金**　裁判所が，保釈を許可する場合には，必ず保釈金を定めなければならず，このことは保証書等をもって代えることを許す場合（法94条3項）でも同様である。

　刑訴法93条2項は，保釈金額の決定にあたって，①犯罪の性質および情状，②証拠の証明力，③被告人の性格および資産を考慮して，④出頭を確保するに足りる相当な金額でなければならないとした（番号は筆者）。

　①は，被告人の逃亡の蓋然性の有無・その程度を考慮するうえでの基準であり，考慮要因としては，罪種，罪質，法定刑，犯行の態様，方法（偶発的か計画的か，組織的か否か），被害の程度（結果発生の度合），被害の補償，被害感情の強弱（示談の有無，示談へ向けた努力），被告人の犯行後の状況（例えば，自首か，逃亡し指名手配を受けたかなど），さらに前科，前歴などがあげられる。

②の証拠の証明とは，証拠の種類，性格，証明の程度を指すが，被告人に対する刑の執行が現実化した場合，身体の拘束の確保を考えるうえで，有罪判決の蓋然性の有無，その程度を判断するためである。判断資料としては，公判廷で取調べ済みの証拠だけでなく，公判廷に提出予定の証拠も含まれるとされる（ただし，かかる取扱いに問題のあることは第2章の2で述べた）。

　③の被告の性格は，粗暴癖，常習性の有無，組織的暴力団関係者か，犯罪性の高い集団に所属しているか否かなどが考慮の要因となる（なお，暴力団関係者の保釈金が高額化することに一理あり，否定しない。しかし，暴力団組長であるとの故をもって銃砲刀剣類所持等取締法違反被告事件〈一審・二審無罪〉で10億を超える保釈金を決定する法感覚は疑われる。このような決定が保釈金の高額化を招く1つの要因となろう）。

　被告人の資産とは，被告人個人の財産と，被告人の現実に利用し得る財産（家族の財産など），信用（保証金調達の経済力）の双方を含むとされる。

　もっとも，前記①ないし③は，例示列挙であり，その他，被告人の家庭環境，就労状況などの生活環境あるいは身柄引受人の有無およびその信頼度なども判断の重要な事項となり，これらの諸事情が総合的に判断され，保釈金の決定がなされる。[1]

　④の出頭を確保するという場合，審理のための公判期日への出頭だけでなく，刑の執行のための身体確保も含む（福岡高決昭30.10.1高刑裁特2-20-1061）。

　法98条3項は，保釈保証金に刑の執行確保の意味があることを明らかにしている。

(2) 罪証隠滅との関係　　保釈金の決定にあたって，罪証隠滅のおそれを考慮すべきかという問題がある。

　保釈金は，出頭および刑執行上身体の確保を担保するものであるから，考慮すべきでないという見解がある。権利保釈を許す場合には当然のことであるが，裁量保釈を許す場合には，罪証隠滅のおそれおよびその防止という面を考慮してよいとするのが一般的である。そのことによって，裁量保釈の道が広がると考えることによる。

　保釈金額の相当性とその判断基準の問題については，第7章および第3部で

第4章　保釈の条件

2　任意的条件

(1)　**保釈金以外の条件**　法93条3項は，保釈を許す場合には，被告人の住所を制限し，その他適当と認める条件を付すことができるとした。

「適当と認める条件」とは，被告人の逃亡，罪証隠滅等を防止するとともに，保釈後の被告人の公判出廷または有罪判決確定後の刑の執行を確保するための条件を指称するもので，裁判所の裁量による趣旨であるとされる（福岡高決昭30.10.21高刑裁特2-20-1061）。しかし，裁量であるとしても，その条件の範囲については制約がある。

すなわち，あくまで保釈請求の対象となっている当該犯罪事実の勾留事実を基準として考えられねばならない。また，条件をつけることのできる趣旨は，条件をつけることによって，被告人に条件を守らせることで勾留の目的を達成すること，そのことによって広く保釈（特に裁量保釈の道を拡げる）を許してゆくことにあるというべきで，保釈保証金と相まって保釈制度の健全な運用を達成するものでなければならない。

ところで，かつて，任意条件の1つとして，「保釈中再び罪を犯してはならない」との再犯禁止条件を付すことができるかという問題が争われた。これを肯定する考え方の根拠は，法文上の制約がないこと，権利保釈の除外事由である法89条2号・3号の規定は再犯の防止をも理由とするから，一定の限られた範囲内の罪を犯さないことを条件とすることが許されるとするところにあろう。しかしながら，勾留の基礎となった事実との関連性をもたず，その内容が不明確であること，また手続的にも罪を犯したか否かをどのような機関が，どのような手続で認定するのかという問題もある。

さらに再犯防止は保釈の目的に沿わず，これを許すと，予防拘禁と化する結果になることを考えれば否定されねばならない。判例も否定説に立つ[2]（前掲福岡高決昭30.10.21，東京高決昭33.3.19高刑裁特5-4-122，高松高決昭39.10.28下刑集6-9-999など）。

なお，現在の実務において，このような設定はされていない。

(2) 指定条件 　実務上，保釈許可決定にあたって条件が付されるのが通常である。決定書には〈指定条件〉と〈注意条項〉が区分して記載されている。指定条件は，条件という言葉が用いられているが，被告人に対して特別の義務を命じた公法上の附款であると解されている[3]。指定条件の主たるものは，次のとおりである。

①制限住居の指定（被告人の住居を〔住居略〕に制限する）。

住居地は，最小行政区を示せば地番まで記載するを要しない（名古屋高判昭25.2.11高刑判特6-98）とする判例もあるが，書類送達等の関係で，地番まで正確に記載するのが実務である。この条件は，例外なく付されるもので，被告人は制限住居に居住する義務が生じ，義務の不履行があった場合には，原則として保釈が取り消される（法96条1項5号）。

被告人が自己の都合で無断で住居を移転し，あるいは制限住所を離れれば，義務違反となることは明らかであるが，自己の都合によらない場合，例えば別件で逮捕・勾留され，あるいは刑の執行のため収監されたため制限住所に居住できなかった場合まで義務違反とすることはできないと解すべきである。

ただ，このような場合であっても，被告人は同居人・弁護人を介しあるいは当該官憲に申し出て，公判期日に出頭できるよう適宜の手続を執るべき義務が付随的に含まれているとする趣旨の裁判例がある（東京高決昭30.8.24東高時報6-8-273，東京高決昭31.3.22高刑集9-2-182，大阪地決昭34.12.26下刑集1-12-2725，新潟地決平14.10.7判時1806-16など。なお，新潟地裁平14年決定は，保釈許可により釈放された直後，不法残留を理由に収容令書の執行を受け，入管収容場に収容された被告人に関する保釈取消請求について，制限住所違反が保釈取消事由となるには，それが被告人の責めに帰すべきものでないから，直ちに法96条1項5号に該当しないとする一方，指定された場所に居住し得ない事情が生じた場合には，遅滞なくその旨を裁判所に連絡するために可能な範囲において適宜な方法で手続をしなければならない義務を付随的に負っているとし，本件では，弁護人から収容令書の執行および被告人の収容先についての通知がなされたので法96条1項5号に該当しないとした）。

が，被告人の責めに帰すべきでない事由が，義務となるとの解釈は到底成り立たず，賛同できない。この点について，かかる通知義務を指定条件として明

記しておけば義務違法を問えるとする考え方もありうるが，被告人に酷でありすぎる。この点は，前掲新潟地裁事案をみれば明らかなとおり，検察官，弁護人がそれぞれの立場で協力すれば容易に解決できる問題で，条件化することにも反対である。実務でかかる条件を付した例はみない。

かつて，神戸地裁における決定で，被告人が県外の病院（徳島県）に約2カ月間入院をしたが，裁判所に通知をしていなかったことをもって，制限住居違反として保釈を取り消した例があるが，これも疑問である。ただ，弁護人が配慮して，検察官・裁判所に通知しておくべきである。

なお，2つの裁判所から保釈許可をとることがあるが，この場合，弁護人としては制限住居が異ならないように留意しなければならない。仮に両決定の住所が異なった場合には，住所変更の申立をすることによって，いずれかに統一することで解決するのが実務的である（名古屋地決昭45.7.25判時607-104）。

②旅行の制限（海外渡航または3日以上の国内旅行をする場合には，あらかじめ裁判官の許可を受けなければならない）。

旅行は，その期間，被告人が制限住居を離れることになるから，その間の被告人の所在地を明らかにするため，あらかじめ裁判所の許可を求めさせるものである。許可を求めるのは通常書面によることになるが，申立書に旅行先，旅行期間を明示しておかねばならない。海外渡航の場合には，旅行先にとどまらず，海外での宿泊場所（ホテル，友人宅など）も具体的に特定し，理由を詳しく記載しないと制限を受ける可能性がある。

③事件関係者との面会，接触禁止（例えば「A，B，Cとは，弁護人を介する場合を除いて，面接，電話，文書，電子メールその他いかなる方法によるを問わず，一切接触をしてはならない」）。

この指定条件の趣旨が，罪証隠滅の防止にあることは明らかである。罪証隠滅のおそれは保釈金の納付によって制御できないから，任意条件とすることもできないとの見解もあるが，すでに述べたとおり保釈金額の納付と相まって，かかる条件を付すことによって裁量保釈を広く許すということにおいて肯定されるべきである（大阪高決昭63.9.9判時1317-157）。ただし，権利保釈を認めながら，この条件を付す決定例もあるが，問題であろう。論理矛盾である。

さらに留意しておくべきは，事件関係者について，証人予定者のすべてなどという無制限の接触禁止であってはならず，A，B，Cなどと具体的な特定と，「弁護人を介する場合を除いて」という文言は被告人の防御権行使上不可欠である。なお，弁護人を介する場合を除いてという解釈上，弁護人立会いの下であれば面会・接触できるのかについては微妙な問題がある。

被告人が弁護人立会いの下での接触した事案につき，指定条件違反による保釈取消しを免れないとした判例（東京高決昭42.4.24（昭42年（く）第35号事件・横井ノート186頁）があるが，この条件には「弁護人を介して」という文言がなく，しかも一旦保釈取消しがなされたのち，再保釈が許された事案であって，一般的でない。私は，弁護人が立会い，かつ相手方の同意がある限り許されてよいと考えたい。ただ，弁護人としては充分注意して活動しなければならないことになる。

(3) 注意条項 次に実務上，〈注意事項〉として付されるものは，次のようなものである。

①転居するときはあらかじめ裁判官の許可を受けなければならない。

②次のいずれかの場合にあたるときは保釈を取り消され，保証金を没取されることがある。

（イ）裁判官の定めた指定条件に違反したとき。

（ロ）召喚を受け，正当な理由がないのに出頭しないとき。

（ハ）逃亡し，または逃亡すると疑うに足りる相当な理由があるとき。

（ニ）罪証を隠滅し，または罪証を隠滅すると疑うに足りる相当な理由があるとき。

（ホ）被害者その他事件の審判に必要な知識を有する認められる者もしくはその親族の身体もしくは財産に害を加え，もしくは加えようとし，またはこれらの者を畏怖させる行為をしたとき。

この各事項は，法96条の規定を示したものであり，被告人に対して，あらかじめ保釈の取消事由を知らせ，警告を与えることによって勾留の目的を達せんとする趣旨で，正確には法93条3項の保釈条件にはあたらない。

3　保釈条件の変更の可否

(1)　保釈条件の変更　　保釈金額や制限住所その他の保釈条件は，その後の事情変更を理由として変更できるか。

もとより，保釈許可決定に対する不服申立て（準抗告あるいは抗告裁判所）の判断とは別の問題であって，基本的には，原決定をした裁判所がそれを事後に変更できるかである。

結論的にいえば，保釈金額の変更は不可，制限住居その他の任意条件は可とするのが通説であり実務でもある。要するに裁判の効力の拘束力から，保釈金額は保釈の裁判の核心であるから認められないが，任意条件はその核心でないから認められるとするところにある。一応，以下に検討しておく。

(2)　保釈金の変更　　保釈金額の変更の可否については，これまで可とする積極説と不可とする消極説をめぐって論争があった[4]。

積極説の理由とするところは，保釈が許された段階では予期し得なかった事情の変更によって，保釈金額について増減を必要とする場合が実際にあるから，それが合理的かつ正当であるときには，その変更を認めるのが事案の端的な解決となり，また制限住居等の変更を認めることとも理論的に一貫する。裁判もその目的・性格からみて，合理的な必要性の有するときには，その効力を緩和修正して，自ら取り消し，変更を認めて差し支えないとするものである。

これに対して，消極説は，保釈金の納付を条件に勾留の執行を停止するという裁判所の確定的意思表示であり，裁判が一定の事項についての確定的な判断を表示する場合には，その後において当該裁判の基礎となった事情に変更があっても，特に，法律に規定のある場合を除いては，裁判所は自らその内容を取り消し変更することはできない（裁判の拘束力）。保釈金額の決定は，保釈裁判の本質的内容で，拘束力が認められるが，変更を許す明文がない。

また，裁判所が保釈を許す場合には，法93条2項の事情を十分考慮したうえで，保釈金を決定するのが実際であるから，事後に変更を認めなければならない合理的理由も認められないとするところにある。現在でもなお，積極説をとる見解は見あたらない。

しかし，私は一貫して積極説をとってきた。[5]確かに明文はないが，実務の現場において，保釈金額の変更（特に減額変更）を認めるべき事情は生じるものであって，弾力的な解釈が求められる（立法的課題でもあろう）。

(3) 制限住所の変更　次に，制限住所などの任意条件については，保釈金額の変更とは異なり，保釈の裁判の本質的内容をなすものでなく，また，将来，その変更を必要とする場合のありうることは保釈許可決定の当初から予想されていることで，裁判所の確定的意思表示とまでいえないので，正当な理由がある限り，その変更を認めるとすることについて異論はみない。

なお，制限住居などの保釈条件の変更に関しても，法律に被告人または弁護人の請求を認めた規定がない。

したがって，かかる申立ては請求権でなく，裁判所に対して職権発動を促すものにしかすぎないと解されている。が，これも問題である（制限住居の変更を許さなかった裁判所の措置について抗告が認められないとした裁判例として，東京高決昭53.10.17高刑集29-10-176，大阪高決平4.4.30判タ826-283）。ただ，前出の東京高裁昭53年決定は，その理由中で，「制限住居の変更等については，簡易迅速な方法が有し，且つ，相当の理由を具備する場合には，時期，回数に制約のないこと及び実務の許否の現状にかんがみると，理論上，実際上も抗告が許されないとしても，被告人の権利保障に欠けることにはならない」としており，実務の許否の現状は，よほどのことがない限り，変更が認められており，そのことを前提としているといわねばならない。

さらに，すすんで大阪高裁平4年決定は，「一般的に，保釈許可決定当時と事情が変わり，制限住居の変更を余儀なくされる場合のあることは十分に考えられるところである。しかし，このような場合でも，被告人は，裁判所に対して職権の発動による制限住居変更の措置を求めるべきであって」としたうえで，「保釈制度の目的に照らして裁判所が裁量権の限界を超え，あるいは濫用するなどの特段の事情がない限り——事情変更を理由とすることはできないと解するのが相当である」とした。すなわち言いかえれば，原裁判所に裁量の逸脱，濫用などの特段の事情のあるときには不服申立てができるし，是正の対象となること認めたもので妥当な見解である。

弁護人としては，本決定を踏まえて，申立てを工夫し，さらに進化させていかねばならない。

なお，実務では，保釈条件の変更があった場合には，裁判所から検察官に対して，必ず通知がなされている（令状事務154頁）。検察官が，これを不服とするときには，抗告または準抗告をすることができる（裁判内容の一部変更の裁判であるから，法420条2項または法429条1項2号に該当する）。

1） 主として，秋山賢二「保釈金額決定の基準」（判タ296号338頁），岡田良雄「保釈の条件」（捜査法大系Ⅱ242頁），川上拓一（大コメ190頁）などを参考として，一般的な説明をしたが，一部異論のあることについて第3部で私見を述べている。
2） 秋山賢二「保釈中再び罪を犯してはならない条件（増補令状基本（下）55頁），岡田・前掲注1）296頁，大川勇（判タ296号346頁），最高裁事務総局編「令状関係法規の解釈の運用について」（刑事裁判資料〈下〉174号）など。
3） 尾崎俊信「保釈の条件」（判タ296号350頁）。
4） 積極説に立つ文献は少ないが，安村和雄「保釈及び勾留の執行停止等」（実務講座Ⅱ285頁），山本久巳「保釈金の金額，制限住居その他の保釈条件の可否」（実務ノートⅢ239頁）。判例として，札幌地決昭40.11.12（下刑集7-11-2107）。
5） 丹治初彦「保釈の裁判をめぐる若干の問題」神戸弁護士会（現兵庫県弁護士会）刑事弁護通信5号（1992年）。

第5章
保釈の決定から執行までの手続

　この章では，保釈の裁判における裁判書（決定書）はどうあるべきか，その決定の告知をどうすればよいか，そして保釈許可決定後，釈放に至るまでの執行手続はどのようになされているかについて検討し，法94条の保釈の手続に関する解釈についても明らかにする。

1　保釈の裁判書とその告知

1　保釈の裁判書
　まず，保釈の裁判書について検討する。
　(1)　保釈許否の裁判書　　法は，裁判には理由を付しなければならないという原則（法44条1項）とその例外（同条2項）を定めた。例外は，上訴を許さない決定または命令には理由を付す必要はないが，上訴が許される場合には理由を付すべしとした。
　保釈許否の裁判に対しては，上訴が許される（法420条2項・429条1項2号。なお，準抗告は正確には上訴の概念にあたらないが，実質的にはこれと同視することについて争いがない）。したがって，理由が付されない決定は違法ということになる。
　ところで，実務では保釈の裁判書について，長年の慣行によって簡単な裁判書が作成され，それでよしとされてきたし，すでに議論はつくされた感がある。しかし，これまでの慣行がはたして法の要求する理由を付した裁判書に足りうるのか，また，これが違法でないとしても改善されるべき問題点はないかについて〈保釈を許可する場合〉と〈保釈を却下する場合〉に分けて改めて再検討してみたい。
　(2)　保釈を許可する場合　　保釈を許可する決定にあたっての一般的な裁判書は，**書式1**のようなものである。

【書式1】

```
　　平成　　年（　）第　　号

　　　　　　　　　　　保釈許可決定

　　　　　　　　　　　　被告人
　　　　　　　　　　　　　　　　　　　年　　月　　日生
　　被告事件＿＿＿＿＿＿＿
　　被告人に対する上記被告事件について，平成　　年　　月　　日＿＿から保釈
　請求があったので，当裁判所は，検察官の意見を聴いた上，次のとおり決定する。
　　　　　　　　　　　　　主　文
　被告人の保釈を許可する。
　保証金額は金　　　　　万円とする。
　指定条件
　　　　　　　　　　　　　　　　　　　平成　　年　　月　　日
　　　　　　　　　　　　　　　　　　　　　裁判所
　　　　　　　　　　　　　　　　　　　　　　裁判官


（注意事項）
```

※指定条件・注意事項については，第4章の**2**を参照。

　書式1のような方式を用いた保釈許可決定が肯定されることについて，学説・判例とも一致しているといえる[1]。私も，結論として，保釈を許可する場合には，肯定してよいと考えたい。

　法が裁判について理由を付すことを要求したのは，主文に至った根拠を示すことによって，当該裁判の客観的妥当性を担保させ，不服であれば，上訴でこれを争わせるために，その判断の手掛かりを与えることにある。もっとも，当事者の納得という機能も大切である。理由を付す程度については，判決か決定（または命令）かによって重さが異なることは当然であるし，さらに決定の場合であっても，当該裁判の性質・内容に応じて軽重の差があることになろう。

　有罪判決については，法335条に規定を置くが，これは最小限度を示したものである[2]。その他については，法44条が包括的に規定によるだけであって，示

すべき理由について特に定めがない。

そこで，どの程度の理由を付すべきかは，個々の裁判の趣旨や，関係人の権利・利益保護をどう考えるか等の視点から合理的に判断することにならざるを得ないことになる（なお，例えば，法60条2項の勾留の期間更新につき，「具体的にその理由を附した」決定によるべしとする注意規定を明記するものもある）。

以上のことを前提として，保釈を許可する場合，これまでの実務慣行による裁判書が，違法でないと考える理由は次のことによる。

第1は，保釈裁判の制度的構造による。すなわち保釈は，被告人の権利であり，身体不拘束の原則から，法89条各号に定める除外事由がない限り必ず保釈を許さなければならない。保釈を許可することは，裁判所の判断の結果，除外事由が存在しなかったことが明白であり，除外事由の存否についてまで積極的に明示する必要はない。

第2は，検察官の不服申立権との関係である。検察官が求意見（法92条）に対して保釈相当とした場合には決定を争うことはない。争う余地があるのは保釈不相当とした場合であるが，この場合，通常，検察官は，意見書においてその理由を付した意見を述べる。裁判所は，その意見を聞いたうえで決定し，かつ裁判書にもその旨を明らかにしているのであるから，法律の専門家である検察官には，決定の理由がおのずから明らかになる。

さらに，検察官は，被告人側と異なって，当該事件の一件記録のすべてを所持しており，上訴での当否の審査を求めることについて，支障も生じないであろう。したがって，検察官による上訴の利益は害されない。

第3は，保釈が被告人の身体の拘束を解くための裁判である以上，迅速な手続が求められることによる。法は，被疑者・被告人の身体拘束を解くか継続するかによって，その手続に差異をおく。

例えば，勾留する場合には，その決定につき具体的な理由を付すべしとしたのに対して，勾留をしない場合には，刑訴規140条により却下の旨を記載して検察官に対して交付すれば足りる（法207条4項によるすみやかな釈放の義務に対応する）とされている。もっとも本決定例によると，検察官が法89条3号に，あるいは4号に該当するとして保釈の許可に反対していた場合には，当該許可事

由にあたらないとしたのか，該当はするが裁量保釈を認めたものか必ずしも明らかではない。

　したがって，裁量による場合には，裁量保釈であることを表示しておくべきであろう。実務でもこのことは明示されているようである。

（3）　**保釈を許可しない場合**　　保釈請求を却下する決定にあたっての一般的な裁判書は**書式2**のようなものである。

　書式2の方式は，現在定着しているようであり，特段問題とされてこなかった。この裁判書によると，権利保釈を許可しなかったのは，刑訴法89条4号に該当すること，「諸般の事情に照らしても」とするのは，裁量保釈も認めないということで，これをもって理由を付したということになる。しかし，はたして，理由を付したということになるであろうか。保釈を許可する場合との対比で検討する。

　第1の点。必要保釈が原則であることはすでに述べた。したがって，許可する場合とは異なって，法89条各号の例外事由について，積極的に認定するのであるから，具体的な理由を付さなければならないことに異論は出ないであろう。

　そこで，これまでの裁判書では，何号に該当するということを明示することによって理由を付したとしてきたし，そのことが特段問題とならなかった。しかしながら，この裁判書の方式は，勾留状に記載する勾留理由の明示と同じものでしかない。意識されたものであったのか否かは不明であるが，例えば法60条1項2号に定める「罪証を隠滅すると疑うに足りる相当な理由」と法89条4号に定めるそれとの判断が同じレベルのものとして解釈されてきたことによるものでないかと思われる。

　そうであるとすると，第3章の**2**において述べたとおり，公訴提起後は罪証隠滅のおそれは大きく減少するし，また，人身の自由をより強く保障しなければならないにもかかわらず，その程度が区分されないという解釈はとりえない。また保釈不許可によって勾留による拘束が長期的に継続されることになる結果に至ることを考えれば，抽象的理由によって，保釈請求を阻むことは保釈の制度趣旨を没却することになるというべきである。

　例えば，関係者に働きかけて罪証を隠滅する可能性があるとして勾留し，さ

【書式２】

```
平成　年（　）号

　　　　　　　　　　　保釈請求却下決定

　　　　　　　　　　　　　　被告

　　　　　　　　　　　　　　　　　　　　　　　年　月　日生
　　　被告事件
　被告人に対する上記被告事件について，平成　年　月　日弁護人から保釈請求があったので，当裁判所は検察官の意見を聴いた上，次のとおり決定する。

　　　　　　　　　　　　主　文
本件保釈の請求を却下する。

　　　　　　　　　　　　理　由
　被告人は下記4号に該当し，かつ，諸般の事情に照らしても保釈を許可することは相当と認められない。
　　　　　　　　　　　平成　年　月　日
　　　　　　　　　　　　　裁判所
　　　　　　　　　　　　　　　裁判官

　　　　　　　　　　　　　記
1　死刑又は無期若しくは短期1年以上の懲役若しくは禁錮に当たる罪を犯したものである。
2　前に死刑又は無期若しくは長期10年を超える懲役若しくは禁錮に当たる罪につき有罪の宣告を受けたことがある。
3　常習として長期3年以上の懲役又は禁錮に当たる罪を犯したものである。
4　罪証を隠滅すると疑うに足りる相当な理由がある。
5　被害者その他事件の審判に必要な知識を有すると認められる者若しくはその親族の身体若しくは財産に害を加え，又これらの者を畏怖させる行為をすると疑うに足りる相当な理由がある。
6　氏名又は住居が分からない。
7　禁錮以上の刑に処する判決の宣告があったものである。
```

らに関係者の取調べ未了であることに理由で勾留延長をしたうえで起訴され，保釈請求がなされたとする。この場合，保釈を許可しない理由として，単に法89条4号該当としただけで具体的な理由を付したことになるであろうか。
　捜査が終了し，公判段階に至ったにもかかわらず，なぜ関係者に働きかけ罪

証を隠滅すると判断したのか，その関係者につき具体的にA，B，Cなどと氏名を明らかにしたうえでかつその理由が示されるべきではないだろうか。もっとも，法89条1号・2号・6号などの除外事由については，おのずからその理由が明らかであるから，該当条項を示すだけでも足りるであろう。さらに，裁量保釈も許さないという趣旨の表示は，結論を示しただけで理由を付したものではない。

　裁量保釈は，職権発動をしないことが明らかになればよいという考え方によるものと思われるが，この点についても，すでに述べたとおり裁量保釈を求めた保釈請求は，請求権に基づくものであると解さなければならないのであるから理由を要する。そして例えば前記事例の場合に，保釈条件としてA，B，Cに対する接触禁止条項を付したとしても，罪証隠滅のおそれを防止できないと判断したその理由が示されるべきであろう。

　第2の不服申立権との関係については，これが検察官側か被告人側であるかによって区分されてよい。まず，検察官は，保釈請求権者ではない。これに対して，請求権を有する者からの請求に対する判断は，主文によって来たる根拠を示すべきが当然である。しかも，保釈の裁判は，身体の拘束を解くことを目的とした裁判であるから，それを許さないというのであれば，それなりの具体的な理由が示されなければならない。

　また，保釈請求権を行使するのは，被告本人による場合，親族による場合もあって，これらの者は法律の専門家ではない。それが弁護士の場合であっても，第一回公判期日前の保釈請求の実体を見れば明らかであるが，未だ当該事件の一件記録には触れていないのであって，具体的な理由が付されない限り，検察官の場合と異なって不服申立権の保護に欠けることになる。

　第3は迅速な手続との関係である。保釈請求を却下するということは被告人の身体の拘束が長期的に続くということを意味する。

　そうすると，保釈制度の目的から，許可する場合とは異なって，手続の迅速性は一足後退したとしても，より適正合理的な判断とその理由説明が求められるというべきであって，保釈を許可する場合とは自ら差が生じることになる。

　よって，保釈を不許可とする場合，実務の慣行となっている一般的な裁判書

には具体的理由を付したとはいえない瑕疵があって，ひいては違法であると考えるべきではないか。違法とまでいえないとしても，おおいに改善されるべき余地があるというべきである。

（4）**最近の動向**　最近のことであるが，裁判書内部で刑事実務研究会が開かれ，通常は迅速処理の要請等から，定型的な保釈決定書を利用しているが，判断に迷った事案等について，具体的な理由を付した決定書を作成することが有用であるとされ，いくつもの実例があることが報告されている[3]。

　保釈の裁判のこれまでの運用に変化が生じつつあることがわかる。おおいに期待したい。ただ，この改善が，準抗告審あるいは控訴審をにらんだ試みではなく，被告人の権利保護に眼を向けたものとして定着することを願う。

2　保釈の告知

　次に，保釈に関する告知の問題について検討する。

　（1）**告知と送達**　裁判の成立は，裁判機関の内部で裁判そのものが成立し（内部的成立），この内部的に成立した裁判を告知する（外部的成立）という過程をとる。

　裁判の告知とは，これによって裁判が外部的に成立するところの要件である。告知は公判廷では宣告によって，公判廷以外の場合（決定・命令の場合にのみ許される）には，原則として裁判書の送達によってなされる。ただし，特別の定めがある場合には送達を要しない（刑訴規34条）。

　特別の定めがあるのは，刑訴規14条（除斥，回避の決定），同86条の2（勾留理由開示の却下），同181条の2第1項但書（公訴棄却の決定），同296条（判決訂正申立期間延長申立ての却下）などで，不服申立てを許さないもの，あるいは許されていても，裁判の結果を通知すれば，必ずしも基本的権利の侵害とまでいえない場合である。

　ところで保釈の裁判の場合には，保釈請求が被告人以外の者からもなされること，決定の執行は保釈金の納付後でなければならないこと，その執行は検察官が指揮することなどの構造上から，やっかいな問題が生じる。

　そこで，実務での運用とも関連して，外部的成立要件としての告知を要するか，要するとして，誰に対して告知するべきであるかをめぐって見解の対立が

あった。告知の有無については，保釈許否の決定は勾留の裁判と同様に裁判書の作成によって効力が生じ，告知を要しないとする不必要説がある（中島・報告371頁）。

理由とするところは，送達が必要であるということになると，保釈金が納入されても，被告人に決定謄本が送達されない限り，釈放ができない不都合が生じるというところにある。かつての実務で，保釈金を納付したのちに決定謄本を交付するという取扱いをする裁判所があったが，おそらくこの見解に立ったものと思われる。この見解が，釈放手続の迅速性を考慮するもので，そのことは評価できるが，裁判が外部的に成立するために告知を要するという原則に対する例外は，厳格に解釈されるべきである。

勾留の場合には，被告人に対する裁判所の勾留質問手続（法61条）が置かれ，勾留期間・時間の算定に厳しい制約があり，執行するにあたって令状を呈示する（法73条）ことになっており，保釈の場合と同視することはできない（なお，この呈示は，刑訴規43条の特殊な裁判の告知方法であるとする見解もある）。

また，実務の運用も，必ずしもこの見解に立つものとはいえず，告知を要するとしたうえで，裁判書の送達がなされている（書記官実務55頁）。学説は告知必要説をとり，反対説はみられない。

（2）　告知の名宛人　　告知必要説に立つとして，誰に対して告知を要するかということになると，その見解は次のように多岐に及ぶ。

① 保釈請求者，被告人，検察官のいずれにも送達することを要するが，決定の外部的成立は，そのうちの1人に送達のあった時とするもの。
② 保釈請求者と被告人の双方に送達することを要するが，決定の外部的成立はそのいずれか一方に送達のあった時とするもの。
③ 保釈請求者に対して送達すればよく，その送達があった時に決定の外部的成立があるとするもの。
④ 被告人に対して送達すればよく，その送達があった時に外部的成立があるとするもの。

さて，これをどう考えるかであるが，保釈許否の裁判の外部的成立要件としての告知と，誰に裁判書を送付すべきかということとは区別して考えるべきで

はないか。私は，外部的要件としての告知は，請求者に対する告知（決定謄本の送達）をすることで足りると解する。

　保釈を請求することができる者からの申立てがあると，裁判所はこれに対して決定をするべき法的義務を負う関係に立ち，その結論は請求者宛になされなければならないから，裁判の成立は請求者への告知をもって成立するというのが原理である。

　もっとも，保釈請求者が，被告本人の場合は問題がないが，本人以外の請求であった場合でも，保釈許否の決定の効果を直接受けるのは被告人であり，保釈を許可した場合，その指定条件を履行しなければならない義務が生じるから，被告人に対しても裁判の内容を知らしめなければならない。その意味で被告人に対しても裁判書の謄本を送付すべきことになる[4]。しかし，そのことは，外部成立要件としての告知と別の保釈制度上のもつ要請であるというべきである（立法上解決しておくべきである）。

　検察官に対してはどうか。保釈不許可の裁判については，検察官に不服申立権がないから送達を要せず，事実上の通知で足りる。保釈許可した場合には，その執行を要するから，刑訴規36条によって謄本を送付することになる。この考え方で，現実の実務との整合性がとれるかであるが，実務では，請求者，被告人および検察官に対して謄本の送達がなされている。

　そして，最も多い請求者である弁護人であった場合の手順は，通常保釈許可決定がなされると，裁判所から通知（弁護人事務所への連絡）があり，弁護人は裁判所に出向いて決定書の交付を受け（郵送を待つと被告人の釈放が遅れることによる），同時に保釈金納付の書類を受け取って納付する。そして保釈金の納付があったのちに，被告人に謄本の送達がなされるようである。

　したがって，請求者に対して決定の謄本が送達されたときをもって外部的成立があるとしても何らの支障もない。請求者または被告人のいずれか一方に送達があったときに決定の外部的成立があるというような解釈をとることもないであろう。

　なお，裁判所が検察官に対して刑訴規36条により謄本を送付する場合，決定当日に保証金が納付されたというときには，「保釈金納付済」としたゴム印を

押して，係書記官が認印することによって通知する。謄本送付後に納付された場合には，保証金納付済通知書を作成して検察官に送付されているのが実務である（令状事務159頁）。

2　保釈執行の条件

　保釈許可決定には，保釈金額が明示されており，保釈金の納付は，保釈によって釈放される条件であるから，保釈金の納付がない限り，被告人は釈放されない（法94条1項）。

　保釈金は，原則として裁判所に納付することになるが，現在の実務は，納付態様として裁判所の指定する金融機関の預金口座に振込んで納付すること，あるいは電子納付の利用登録をしたうえで，電子納付をすることも可能となっている。詳しくは係書記官にあらかじめ取扱い事務を確認しておいた方が賢明である。

　保釈保証金は，保釈制度の本来の性格から，被告本人が提出すべきであるが，法は，現実の釈放をなるべく容易にするために，被告人の経済的負担力に配慮した規定を置く。それは，刑訴法94条2項・3項である。以下，この点について概観しておく。

1　保釈金の代納

　法94条2項は，保釈請求者以外の者でも，裁判所の許可があれば保証金の全部または一部を代納することができるとする。権利保釈の場合であっても，任意保釈の場合であっても同じであるが，裁判所が保釈請求者以外の者に納付を命じることはできないから，申立てによって，裁判所の裁量で決定される。

　代納を許されるべき者については，その者の納付した保釈金を没取されることが被告人にとって逃亡等を断念させる苦痛となるような場合とするのが一般的であるが，保証金は被告人の出頭および刑の執行の担保であることにかんがみて，これを厳格に解する必要はないであろう。特に，条文上の制約も置いていない。

　通常は，保釈請求者が，あらかじめ保釈金の全部あるいは一部を代納する者の住所，氏名，被告人との関係を明らかにし，その旨申し出ておくことになる。

ただ，保釈決定後の申立てであっても許される。その場合には，「保釈保証金納付者の変更決定」が出される。（書式について，令状事務161頁参照）。なお，被告人が保釈請求者で，その弁護人が保釈金を納付する場合であっても，納付する主体の変更として，裁判所の代納許可が必要であるとするのが実務であるので注意を要する（同160頁）。

2 有価証券または保証書による代用

法94条3項は，保証金の納付にかえて，有価証券または保証書（被告人以外の者の差し出しによる）を，裁判所による許可を条件に，保証金の全部または一部に代用することができるとした。

(1) 有価証券の代用 本条にいう「有価証券」は，その種類に制限は置かれていないが，刑162条にいうそれより狭い概念で，その性格上，国債・公社債・株式など，それ自体に経済的価値があり，換金性があるものをいう。約束手形，小切手などは代用しえない。その評価は，券面額ではなく，時価を標準とする。

したがって，株式のように，時価の変動が免れないものは代用に適さない。現実には，国債・公社債であろう。

(2) 保証書による代用 本条にいう「保証書」とは，民法上などの債務や責任の負担のために差し入れる保証書とは異なる。

被告人以外の者が作成した保証書をもって保証金に代えて保釈を認めるものであるから，保証書作成の保証人は保証金（保証書記載の金額）をいつでも納付すべき義務（刑訴規87条）を負い，保釈取消しにより保釈金相当額を没取される危険を負担するものである。保釈金の没取の裁判があった場合には，検察官の命令が執行力ある債務名義と同一の効力をもつことになるから，強制執行の原因となる文書であるともいえる（保証書の書式は，令状事務162頁参照。提出された保証書の保管は裁判所の保管物主任に実務上統一されていること。同162頁）。

法は，保証人となりうる者について，特に定めていないが，保証金の代納とは少し異なって同人が被告人を監督することによって，被告人の公判への出頭を確保し，その他の条件の履行に務めることに期待し，期待に添えない結果となったときには保証金を納付することが可能な者ということになろう。した

がって実務では，親，配偶者，兄弟姉妹など被告人の近親者，また勤務先会社の上司などが多い。稀にではあるが，弁護人が保証人となり，保証書を作成することもある（私もかつて，被告人との信頼関係が形成され，被告人を釈放しなければならない，やむにやまれぬ思いから，保証書を作成したことがあるが，慎むべきである）。

保証書の代用についても，あらかじめ保釈請求者がその旨申し出て，保釈決定と同時に決定され，保釈許可書に明示されるが，一旦定まった保釈金額をその後に全部または一部保証書に代える許可を求めることもできる。この場合には，「保釈保証金の納付方法の変更決定」が出される（書式は，令状事務162頁）ことになる。もとより裁判所の裁量にかかる。

なお，保証書提出者が，裁判の途中で死亡した場合などの取扱いはどうなるか。その相続人に対して保証金の納付を命じることはできない。なぜなら，一身専属権であって相続になじまない。さりとて，被告人に保証書の全額の納付を命じることができるかといえば，義務を負担したのは保証人であって被告人ではないから，理論的に否定される。

それではどのような措置がとられるべきかであるが，保釈請求者から，他の者の新たな保証書をもって代えることの申出をし，変更の許可をとるほかないであろう。かかる事態が生じたことをもって直ちに保釈の取消しをするという考え方もあるようだが，被告人に何らの責めはなく，あまりにも乱暴な立論でなかろうか[5]。

1) 佐々木志朗「保釈許可決定に附すべき理由の程度」（増補令状基本（下）91頁），荒木友雄「保釈許可決定に附すべき理由の程度（判タ296号352頁），磯辺衛「保釈の理由，取消」（実務ノートⅢ197頁）。
2) 私は，「自首と量刑」（『松岡昌明先生古稀祝賀論文』成文堂，317頁）において，判決書につき任意減軽をする場合（例えば自首）や量刑事由についても，その理由の明示が必要であることを提言した。判決や決定の理由書きについて今一度再検討されるべきである。
3) 長瀬敬昭「被告人の身体拘束に関する問題(1)」判タ1300号70頁。
4) 私見について少し付記しておきたい。まず，実務では，告知を要するとする①説（小野清一郎・刑訴法講座233頁）と同じ方針で裁判書の謄本が送達されており，その必要性はあるし，そうされるべきである。ただ，理論的にみて裁判の効力は客観的に確定させるべきで，裁判の外部的成立が，AあるいはB，またはCないしはDの場合のいずれか

とするのは問題である。外部的成立要件としての告知は、やはり裁判の請求者に対してなされるべきもので、それでよいと考えたい。

確かに、保釈許否の裁判の法的効果を受けるのは被告人であるから、②説（海部安昌「高裁判例研究」判タ128号77頁に詳しい）には、相当の理由がある。が、告知の問題は、裁判の請求者に対する関係と、裁判によって法律上の効果を受ける者との関係は区別されてよい（この点については、前記③説をとる安村和雄「保釈および勾留の執行停止等」実務講座Ⅱ277頁に詳しい）。また、このように考えても、保釈請求をする者は、主として被告人・弁護人であり、それ以外の者が請求者である場合でも、いずれも被告人のために被告人側に立った者の請求であるから、被告人の権利保護に欠けることにはならない。

さらに、保釈請求者が、保釈許可決定を受ける（実務では、通常最初に受領する）と、被告人に対する裁判書の謄本の送達を待たず効力が生じ、その者が保釈金を納付すると釈放指揮がとられるという実体とも整合することなどを勘案して、基本的に③説に立つことにした。

それにもかかわらず、裁判の告知とは別に、被告人に対しても裁判書の謄本が送達されるべきとする理由は次のことによる。すなわち、保釈を許可された被告人は、当該決定に定められた保釈条件（住所制限・その他の任意条件）を遵守する義務があり、これに反した場合には保釈取消しがなされることになるが、法が義務違反を問う以上、その内容を了知しておかなければ保釈取消しができなくなるから、裁判所は送達をすることになるのであって、保釈制度のもつ目的からの要請である（なお、東京高決昭33.6.11東高時報9-6-154は、被告人が弁護人との連絡不十分で、保釈制限住所が実兄宅になっているのを知らず、起訴前住所に居住していた事案で、保釈取消しはできないとしている）。

検察官に対する送達は、もとより裁判成立要件の告知の問題ではなく、執行のための刑訴規36条による送達である。

5）詳しくは、神垣英郎「保釈保証書の提出者である弁護人が辞任し又は死亡した場合の措置」（増補令状基本（下）98頁）。

第6章
保釈の失効

　保釈の失効とは，保釈の裁判がなされたのち，その効力が消滅することをいう。これには，保釈の当然失効と保釈の取消しの裁判をして将来に向かって保釈の失効を宣言するものがある。保釈の当然の失効は，保釈を失効させる裁判をしなくて当然に失効するもので，法343条・345条に規定する。

　ここでいう保釈の取消しは，保釈の裁判自体の違法・不当を理由とする取消し（準抗告または通常抗告による）ではなく，保釈中の事情変更を理由とする取消しであるから，法律上の性格は撤回である。

　法96条1項に保釈取消しの事由と手続を，同2項に保釈金の没取を，法98条は収容手続を規定する。

　まず，これらの点について検討したのち，当然失効についても簡易に触れることにする。

1　保釈の取消し

1　保釈取消しの裁判手続

　(1)　検察官の請求　保釈の取消しは，検察官の請求により，または裁判所が職権で決定をもってすることができる。ここでいう裁判所は，公判裁判所である。公判提起後，第一回公判期日までは，裁判官が行う（法280条）。

　取消しを請求することができる者は，規定上は検察官のみである（昭28年の改正によって認められた）。請求の方法は，刑訴規296条によることになる。検察官から請求があった場合，裁判所はこれに対して裁判をしなければならない。

　が，法は「取り消すことができる」としたもので，保釈を取り消すか否かは裁判所の裁量であるから取消事由に該当する事実があっても，取消しをしないこともある（大阪地決昭37.9.24判時322-41）。

(2) 被告人の意見聴取　　保釈の取消しにあたって，被告人の意見を聞く必要があるか。意見を聞く必要がないという見解に異論は出されていない。その理由は，事前に意見を聴取すると，かえって逃走を助長するので，収容を優先すべきで，被告人としては準抗告あるいは抗告で争うことができるではないかということによる。確かにそれなりの理由がある。

しかし，実務での実際をみると，逃亡を助長することになるという客観的な裏付けはない。また，取消事由が1号以外の場合には被告人側にあらかじめ，弁解と防御の機会を与えるべきであると思われる事案も多い。現実に職権による取消しが問題となった場合，弁護人に対して弁解と意見の機会が与えられるのが通常である。

これは，事実上のものとしてなされているが，本来的には法43条3項によるべきであろう。私見として，できる限り被告人側の意見を聞くべき運用を求めておきたい。

(3) 被告人からの請求の可否　　取消事由については，法96条1項1号ないし5号に規定されており，これについては項を変えて分説するが，本条1項各号に定める事由以外の場合，具体的には保釈中の被告人から保釈取消しの申出がなされた場合，裁判所は職権で保釈取消しができるかという問題がある（保釈請求の取下げと異なることは，第1章第3節参照）。

昭和40年代終わりのころと記憶するが，私自身が神戸地裁伊丹支部で担当した事件で，暴力団の組織から完全に足を洗ったことで保釈が許された公判中の被告人から，「どこでどう知ったのか。かつての仲間が法廷傍聴に来た。帰り道で捕まって，その後も執拗に組に戻るよう脅迫されている」，「この状況を隔絶しないと，また犯罪を犯すことになる。保釈を取り下げて収容されたい」という真摯な告白を受けた。

対応に苦慮したが，警察の保護も期待できそうでなかったので，保釈取消しの申立てをした。裁判所は，異例のことであろうが，弁護人（私）と検察官を呼び非公式に協議した。その結果，明文の根拠がなく保釈取消しは理論的に困難であるということになり，次回の公判期日を前倒しに変更し，被告人尋問を終了（同時に予定された情状証人の調べは撤回）したうえで，即日，執行猶予付判

決を言い渡し，被告人は速やかに兵庫の地を離れたという稀有な経験をもつ。極めて稀な例であったので，少し長すぎるが紹介した。

このようなケース以外でも，例えば，甲罪で保釈中であったが，別の乙罪で勾留され保釈の見込みがない，実刑を覚悟するので甲罪の保釈金の還付を受けたいと希望するケースがある。さて，これらの問題をどう考えるかである。

私の経験した事案における裁判官は，身体拘束にかかる裁判であるから，法文上の根拠がない以上，消極に解さざるを得ないとしたもので，やむを得ないが正当な判断であったと評価した。また，最高裁事務総局第2課長回答（昭26.10.20，昭39.4.3各回答・解釈運用〈下〉273頁，刑裁資料176号）も消極説に立っていたし，学説としても消極説が一般であった。

しかし，その後，実務裁判官から積極説に立つ見解が相次いで現われ，積極説がむしろ有力となった。

その理由付けは，「法96条は，強制的な保釈取消事由を定めたものと解し，被告人からの任意の申し出に基づく保釈取消しを禁じる趣旨を包含するものでないと解する。こう解しても，保釈取消後の身体拘束はもともと勾留の効力による拘束であって法律上の根拠に欠けるものでないし，権利保釈が認められるべき事案であっても，被告人が保釈請求をせずにいることももとより自由であることにかんがみると，この解釈は現行法の保釈制度全般の趣旨に添うものである」[1]とするところにある。昭52年7月の東京高裁管内判事合同会議においても取消しを認めてよいのではないかという意見が強かったとしている（刑裁資料221号）。

積極説をとる判例として，鳥取地裁米子支決平5.10.26判時1482-161がある。現実の解決の必要性から生じた，柔軟かつ巧みな理論構成である。

私は，本質的には，被告人の身体の自由の放棄であるから，「真摯な被告人の同意」と「やむを得ない事情の存在」という2つの条件を満たす限りで積極説に改めることにした（前掲判例は，被告人が保釈の取消しを希望し，かつその取消しをすることに相当な理由のある場合とするが，私見とはややニュアンスが異なる）。ただ，弁護人には，この選択に至るまでに，さまざまな工夫が求められるであろう。

2 保釈取消しの事由

保釈の取消事由は，法96条1項1号ないし5号に規定された1つにあたる場

合である。取消事由の解釈にあたっては，保釈許否の決定の場合と同様，勾留目的を何処に求めるかということと関連させて考えていかなければならない。1号ないし5号の該当事由は，保釈中に生じた事由に限られる（通説である）。

　保釈決定後，被告人が現実に釈放されない間に生じたときには，保釈決定に対する不服申立てとして，準抗告あるいは抗告で構成するのが筋である（なお，反対の判例として，東京高決平6.12.20判時1530-143があるが，賛成できない）。以下，順次検討してゆく。

　（1）　1号（被告人が召喚を受け正当な理由なくして出頭しないとき）　公判への出頭確保は，勾留の主たる目的であるから保釈を許可したにもかかわらず，正当な理由がなく出頭しない場合，保釈が取り消されるのは当然であるということになろう。

　ただ，一方で，被告人の出頭強制の目的が，裁判の公正さの確保・裁判の正当性を保つという社会の利益のためにある，あるいは被告人の防御保障のための利益にあるとする視点に立つと，不出頭の故をもって制裁を課すことには疑義が生じる。保釈取消事由としての公判への不出頭は，再び身体の拘束を受けるだけでなく，保証金の没取という効果をもたらすことになるが，これをどのように考えるかである。

　例えば，被告人には，逃亡のおそれまたは罪証隠滅のおそれが全くないが，自己の思想に基づいて出頭を拒否するとした場合，公判廷ごとに勾引すれば足りるのであって，保釈の取消しができるかという問題でもある。この問題はかつて，大学紛争が激しく，いわゆる「荒れる法廷」が出現した昭和40年代に，実務上の重要な問題として議論されている。

　例えば，一般的に紹介されている事例をあげると，公判期日に召喚を受けた被告人が，ヘルメットを着用する等して，裁判所に押しかけ，庁舎管理者の指示に従わず指定された法廷内に入らない場合（事例1という。広島地決昭45.5.4は，本条1項1号に該当するとして保釈を取り消した。刑裁月報2-5-61）。さらに，被告人らが開廷時刻前から開廷時にわたり，前記と同様な行動をとり，一旦法廷内に入ったが，裁判長の指揮に従わず，自ら法廷を退去した場合（事件2という。東京地決昭42.9.14は，本条1項1号に該当するとして保釈を取り消した。刑裁資料241

号121頁）などであるが，はたしてこれらが保釈取消事由1号該当の対象となる「不出頭」といえるのかである。

　さて，この点についての一般的見解は，判例と同じく本条1項1号に該当し，保釈の取消しが認められるとして積極説に立つ[3]。その理由とするところは，まず「出頭」とは，公判期日に指定された日時に，指定された法廷内の所定位置に，自ら出ることであり，被告人は審理を受けるものとして，この出頭義務がある（出頭は公判開廷要件で，その在廷が審理継続要件＝法284条ないし286条）。

　そして，本条1項各号に定められた保釈の取消事由は，保釈中の被告人の出頭ないし身柄の確保が期待できないおそれが強くなった場合，実質的には，保釈中の被告人が裁判所の審理作用を害するおそれが顕著な場合を取り出して定型化したものであると解する。そのうえで事例1および事例2のいずれについても，被告人が審理作用に服する状態に自らを置かないのであるから，法廷警備権，法廷等の秩序維持に関する処分対象にとどまらず，本条1項1号に該当し保釈の取消しは相当であるとするところにある。しかしながら，積極説の見解を当然には受け入れ難い。

　この説の背景には，司法の権威と，被告人を審理の客体とみることに強いウェイトを置くという思考がみえ，被告人の出廷義務をすでに述べた別の視点から見直すと，いささか硬直した理論といえよう。

　また，かかる2つの事例において，仮に被告人を勾留に戻したとしても，被告人の信念において，出頭を拒否して抵抗したり，出頭したとしても審理を拒否する言動に出た場合，つまるところ，勾引（法58条2項）と法廷等の秩序維持に関する法律によって律することにならざるを得ないことになるのであるから，積極説の理由付けは保釈によって審理作用に服する状態におくことを狙いとするのであって，保釈制度の目的から逸脱するきらいがある。

　そうだとすると，「出頭」という解釈は，積極説の定義のとおりであるとしても，保釈取消事由としての「不出頭」は，限定的に解されるべきで，逃亡のおそれ自体はない（あれば1項2号による）が，不出頭に対して，勾引ではまかなえなかった事情が判明したような場合を予定したものと解すべきであろう（例えば，適切かどうかはわからないが，被告人が虚偽の診断書を提出したり，仮病を使っ

て出頭を免れるようなケースが想定されよう)。

　次に,「正当な理由がない」という解釈についてみておく。正当な理由がないというのは,もっぱら自己の責任に帰すべき場合をいうのであり,すでに述べたとおり被告人が別件で逮捕・勾留されるなどによって出頭できなかったような場合には,正当な理由が存在するといわねばならない。実務上,しばしば問題となるのは,被告人の病気を理由とする不出頭である。被告人が病気の事由をもって出頭できない場合には,原則としてその事由を記載した書面およびその事由を明らかにすべき医師の診断書を提出しなければならず,その診断書には,病名にとどまらず,審理を受けることで健康状態に著しい危険を招くか否かの医師の具体的な意見の記載が求められる(刑訴規183条1項・3項)。

　しかし,被告人が公判期日の直前に急病になり,かかる手続があらかじめとれないこともある。この場合,弁護人としては,とりあえず裁判所に対して公判期日の変更申立てと被告人不出頭の理由を記載した書面を提出し,事後的に診断書の追完をせざるを得ないことになる。このような事態は,実務でしばしば起こることがあって,規則違反をもって直ちに「正当な理由がない」ということにはならない。裁判所としても,一旦は,公判期日の変更をせざるを得ないが,事後的に不出頭の理由について事実調べをして正当理由の有無を判断することになろう(東京高決昭29.4.1高裁判特40-60は,被告人が流行性感冒にかかり,発熱をした事案につき,保釈の取消しを否定した)。

　事後の判断において,その当該事由が病気を仮装したものであったり,診断書の内容が虚偽であったような場合,遡って,被告人の不出頭に正当な理由がなかったものとして,本条1項1号に該当し,保釈を取り消されることは充分ありうる。

　要するに,被告人の不出頭に正当な理由があるものとして一旦公判期日の変更をしたとしても,公判期日変更決定に拘束力(内容的確定力)を認めるべきではないと解されているからであって,やむを得ない結論であろう(大阪高決昭59.7.4判時1137-160)。

　なお,留意しておくべきことは,公判期日の直前に急病に罹患したため診断書の提出が追完される場合,医師が規則183条3項による具体的意見を記載す

ることを拒むことがあるが，要件不備をもって「正当な理由」がないとすべきではない。むしろ，3項は相当期間にわたる場合の疾患による不出頭を予定したものと読める。いずれにしても，裁判所の慎重な事実調査が求められる。一方，刑訴規に則った診断書が提出されたとしても，公判審理を逃れようとする策略である場合には，正当な理由による不出頭とは認められないとして保釈を取り消した裁判例があるので注意を要する（札幌地決昭55. 12. 9判時662-258，札幌高決昭62. 12. 8判タ662-258）。

（2）　2号（逃亡し，または逃亡すると疑うに足りる相当な理由があるとき）　逃亡したことが明らかになった場合には，保釈が取り消されることは当然のことである。問題は，「逃亡のおそれ」である。通説は，本号の逃亡のおそれを，保釈中に生じたもので，かつ保証金をもって防止しえないおそれが強くなった場合を指すとする（なお，2つの要素を重畳的に記載しないで並列記載する文献もあるが，誤りであろう）。そして，勾留理由の逃亡のおそれは，通常人からみた逃亡の抽象的危険性で，本号のそれは具体的危険性であると解する。

しかし，それはいずれも蓋然性の程度の差異にすぎず，逃亡の危険性があることを前提として，保釈保証金の納付と保釈条件によってそれを防止するという保釈の目的からみて極めて不透明な概念であり，事案のあてはめにおいて拡大解釈を許すことはみやすい。現に，裁判例によると，住居不定の原因が自己の責めに帰すべきでないとき（断行の仮処分により住居を明け渡した場合等）でも逃亡の具体的危険がある。保釈後就職先がなく小遣銭に困り，勾留時の同房者から贓物を収受するなど再犯が認められるとき（東京高決昭31. 5. 28高刑裁特3-15-725）にも本号の適用があるとするもので，本号を再犯防止の類型化事由とすることに誘導しているといわねばならない。

私は，本号における「逃亡のおそれ」の部分は，立法論的には削除したほうがよいと考えるが，残すとしても，その解釈は被告人が刑事裁判における審判を受けることを免れる意思で，具体的に逃亡を企てて一時的に潜伏したとか，あるいは「逃亡した」とまではいえないが，逃亡中であることが判明したなど，現実に具体的危険性が発生した場合に限るべきであろう。

（3）　3号（罪証を隠滅し，または罪証を隠滅すると疑うに足りる相当な理由がある

とき)　本号についての通説的見解は，罪証隠滅は権利保釈の除外事由であるから保釈取消事由にあたるのは当然であるとする。

もっとも，この場合においても保釈中に生じたものでかつ具体的な証拠との関連において，(保釈前に比して)作為の危険性が著しく増大した場合を指すと解する。また，勾留状記載の犯罪事実について判断されるのであって，これと併合審理の基礎となっていない犯罪事実について判断されるべきではないとする (福岡高決昭30.7.12高刑集8-6-1769も同旨)。しかし，本号を取消事由とすることについては，以下の理由において疑義がある。

第1は，罪証隠滅を権利保釈の除外事由とすること自体に問題があることはすでに述べたとおりであること。第2は，通説は本号を当然であるとするが，罪証を隠滅したことを取消事由とすることは，保釈取消しを制裁視するもので理論上疑問であるとする見解もあること。

これに対する通説の反論は，本号は罪証隠滅の結果を取消事由とするものでなく，これよりさらに隠滅行為に出るおそれがあることを要すると解する。が，これが何を意味するか，必ずしも明らかでない。なお，この点について，私は，現行法上の解釈を前提として，任意保釈を拡大する趣旨で，保釈の任意条件を付すこと (例えば，A，B，Cとの接触禁止) を肯定した。

そのこととの関連において，被告人が保釈条件に違反し，積極的に隠滅行為に出たことが客観的に認められる場合には，むしろ本条5号を該当事由として，それ以外の場合には4号の事由該当として保釈の取消しがなされることはやむを得ないと考えたい。

わが国における保釈の取消率は，おおむね0.2％から0.3％と推認しており，そのうち本号による取消しの割合は，さらに極めて低いものとみられる。実務的にも4号および5号の事由をもって充分に対応できるのである (なお，この立論につき，接触禁止条件によって罪証隠滅の防止を図るのは当事者主義にそぐわないとの批判を受けることを承知したうえでのことで，現行法上の枠組において実務上やむを得ない選択である)。

第3は，被告人は，訴訟の当事者として自己に有利な証拠収集・保全を行うことができる地位に立つ。保釈によって身体の拘束を解く目的の1つは，被告

人が主体的にそれらの防御活動をすることを保障するところにある（弁護人では困難で代わりえないこともある）。それにもかかわらず，被告人の行為が罪証隠滅にあたるとされると，まさに，当事者主義に反する結果を招くこと。

とりわけ検察官に保釈取消しの請求権があること，被告人の行為が罪証隠滅にあたるのか，防御活動にあたるのかの峻別が容易でないことなどを勘案すると，罪証隠滅のおそれまでを含めて取消事由とすることは，被告人の防御活動を阻害し，少なくとも著しく躊躇させる結果になることは明らかである。立法論として，本号は抹消すべきである。

（4） 4号（被害者・審判に必要な知識を有する者，もしくはその親族に身体もしくは財産に害を加え，もしくは加えようとし，またはこれらの者を畏怖させる行為）

本号は，法89条1項5号に対応する規定であるが，その要件は現実に害を加えまたは加えようとする場合および畏怖行為に限定されている。また「身体」「財産」は，制限列挙であって，名誉や信用は含まれない。

もとより，本号の事由も勾留状記載の犯罪事実についての判断である。そのうえで，「害を加えようとする」解釈について加害行為の着手を要するという説と，着手に近接する予備行為のほか，相手方に対する加害行為の発現と認められる挙動で足りるとする説の対立があるが，後者は要件が抽象的でありすぎてとりえない。

次に「畏怖させる」というためには，本号の趣旨が本来「お礼参り」の防止にあることからすると，被告人の意図・主観および客観的にみて，一般人ならば恐怖心が発生すると認められる害悪の告知に限ると判断される場合であると限定的に解するべきである。

さらに本号についても，被告人の防御活動の保障ともからんで，形式的なあてはめをしてはならない。被告人がどのような経緯で，どのような態様で働きかけをしたのか。その行為と審判の対象となっている事実との密接な関連性はあるのか。その結果何が阻害されたのかなど慎重な事実認定がなされるべきであろう。

大阪高裁昭60.8.9決定（判タ571-92）は，本号の適用にあたって（法96条2項も含めて）①被告人の行為の性質，態様および被害者らに与えた畏怖の程度の

ほか，②これにより審理の公正が阻害されるおそれの有無程度，③さらには将来における同種行為を防止するうえで保釈取消しおよび保釈金の没取が必要かどうか，などの諸般の事情を考慮すべきであるとする基準を示しており参考となる（本決は，取消事由の存否の判断にあたって慎重な事実取調べを行ったこと。その結果保釈の取消しを認めたものの，保釈金没取の必要性を否定したもので，実務のあり方としても意義をもつ決定例である）。

　（5）　5号（被告人が住所の制限その他裁判所の定めた条件に違反したとき）　保釈許可決定において条件とされた制限住所の指定に違反したことが明らかであれば，保釈取消事由となるが，その違反は被告人の責めに帰すべきものであることを要する。

　したがって，保釈中に他の事件で逮捕・勾留されたような場合はもとより，「指定の制限住所を他の地と誤信したとき（東京高決昭33. 6. 11東高時報9－6－154）あるいは制限住居である旅館に異名で居住していたために召喚状が不送達になったとき（大地地決昭41. 8. 3下刑集8－8－1173）なども本号にあたらない。

　もっとも，住居制限の義務は，これを守り得ない事情が生じた場合，遅延なくその旨を裁判所に連絡する適宜な手続をとるべき義務も附随的に含んでいるとして，かかる手続の懈怠も本号に違反するというのが，多くの見解である。例えば，大阪地裁昭34. 12. 16決定（下刑集1－12－2725）も，被告人が別件の確定刑の執行のため収容されたが，その旨の連絡を理由なく放置したとして本号によって保釈の取消しを認めている。この事案は，被告人と同居中の内妻が行方不明になっていたことや，その他の要因があって結論としてはやむを得ない事情があったといえる。

　しかし，この考え方を一般化することはできない。その理由は，保釈許可の任意条件の項で述べたとおりであるが，加えて，保釈金の没取という制裁を伴う取消しの法解釈としては拡大解釈がすぎるもので到底許容し得ない。それにもかかわらず，肯定説は出頭確保を担保するための実質的理由があるとするのだが，あまりにも便宜主義的な解釈であるといわねばならない。また，かかる事態が生じた場合，弁護人・検察官らの配慮によって出頭確保の目的は充分達成されるのである。

その他の条件違反とは（制限住所も含めて），法93条3項所定の任意条件を指す。これらは厳格な意味での保釈条件ではないのであるから，些細なことを理由として，本号に該当するとして保釈取消しをすべきでない。例えば，必ず任意条件の1つとされるものに，旅行制限があるが，2，3日の予定で裁判所の許可をとらずに出張したが，仕事の都合で少し予定が延びた，あるいは裁判所の許可をとって旅行に出たが定められた日に帰宅できない事情が生じることはしばしば起こりうる。しかし，これをもって形式的に違反と判断することはできない。明文はないが，「正当な理由の有無」が問われなければならない。また，その違反がわずかな日数の誤差であり，審理に何らの影響も生じない場合にまで保釈を取り消す必要性もない。

3 保釈取消しの決定とその告知

（1） 保釈取消しの決定書と問題点　保釈取消決定の裁判書は，実務では通常，書式1のようなものである。

まずこの裁判書には，2つの問題点がある。第1は，保釈取消しの理由が付されていないことである。確かに「指定条件に違反したから」とあるが，一体どのような条件に違反したのか不明であって，これをもって理由を付したとは到底いえない。そうだとすると，法44条1項違反というべきであろう。保釈許否の決定に付すべき理由の程度については，すでにみてきたとおり一定の議論があった。が，取消決定について触れる文献は見出しえなかった。被告人にとっては不服申立権のある，重要な決定であって看過できない。詳しい理由を付すべきであることは，保釈許可却下決定の場合と同じである。とりあえずは，実務上の改善が急務であることを指摘しておくにとどめる。

第2は，1通の裁判書において，その主文で保釈取消しと保釈金の没取という2つの決定が示されていることである。両者は本来別個な決定であるが，実務上，両決定が同時になされることによる。ここで個別の問題点は，次のようなものである。

① 実務では，通常のこととして両決定が同時になされるが，それはなぜか。保釈取消しと別の機会に保釈金を没取することはできないのか。

② 本件のような裁判書（両決定を併記したもの）の告知および謄本を被告人に

【書式1】

```
平成　　年（　　）第　　　　号
平成　　年（検）第　　　　号
平成　　年　　月　　日公訴提起
平成　　年　　月　　日勾　留
```

保釈取消決定

被告人

　　　　　　　　　　　　　　　　　　　　　　　　年　　月　　日生

　被告人に対する　　　　　　　　　　　　　　　被告事件について，平成　　年　　月　　日付けで当裁判所裁判官のなした保釈許可決定は，被告人がその指定条件に違反したから，これを取り消す。
　保証金　　　　　　　　円はこれを没取する。

　　　平成　　年　　月　　日

　　　　　　　　　　　　　　　　　　　地方裁判所刑事第　　　部
　　　　　　　　　　　　　　　　　　　裁判官

出所：「令状事務」(167頁)から引用。

　　送達することの要否等，そこで生じる問題は何か。
③　被告人以外の者が保釈保証金を納付した場合の裁判書の様式とその謄本送付の要否は，別途考えるべきではないか。
以下，第2の各問題点について順次検討してゆく。

(2)　第1点の取消しと没取決定の関係　　第1の点について，保釈取消しと保釈金の没取が同時になされているのは，実務上，通常は，両決定の判断が同時になされていること，また，かつての学説が「あとで別に没取としたことの決定をすることは不能というべきである」としていたこと（団藤407頁），さらにこのことが立法趣旨にも添うものと解されてきたことによろう。その理由とするところの根拠は，およそ次のようなものである。

　①　法96条2項は，「保釈を取り消す場合には」としており「取り消した場合」

でないから，両決定が同時になされるのが前提となっていること（文理解釈）。
② 刑訴規91条1項も，被告人が保釈を取り消され収容された場合には，没取されなかった保釈金は，これを還付しなければならないとされているから，これも同時決定を前提としていること。
③ 没取は，一種の制裁であるが，保釈の取消しと別の機会でもできるという明確な条文上の根拠がないこと。

しかし，最近の実務では，保釈取消しと別の機会に保釈金を没取することができるとの解釈の方が強い（学説として平野163頁）。その理由は，前記に対して，およそ次のようなものである。

① 法96条2項の「保釈を取り消す場合には」とある意味は，保釈の取消事由とされる具体的な事実があれば，それを基礎事実として保釈保証金没取の裁判をすることができるという保証金没取の裁判の実体的要件を指しているだけで，同時にしなければならないという手続要件を規定したものでない。
② 刑訴規91条1項の意味も，保釈取消しがなされ，収容されるまでの間に没取がなされなかったときは，保証金を還付しなければならないというものでしかなく，別の機会でもできるか否かについては何ら触れられていない。
③ 保釈取消しと別の機会に保証金を没取することを禁止しているものでなく，かえって，別の機会に行う方が慎重な判断をするうえで好ましいし，実務上その必要がある場合がある。

　　立法の経緯については，刑訴規91条1項2号の旧規定は，「勾留若しくは保釈を取消し，または勾留状の効果が消滅したときは，没取されなかった保証金は，これを還付しなければならない」と規定されていたものを，昭和26年改正によって現行法のようになったもので，この経緯からみて同時になされる必要はなくなったといえる。

この点について，法96条2項の条文を素直に読むと同時に決定されなければならないということになろう。しかし，別の機会でもよいとする後者の述べる

理由③がある場合であっても，別の機会の没取を一切認めないというほどの明瞭な文脈にはなっていない。そこでどう考えるかであるが，保釈の取消しは，その立法上の当否はおくとして，法96条1項1号から5号までの異なった理由がある。通常は，各号のいずれかに該当するという疑いが強く生じた場合，裁判所は事実調査をしたうえで，保釈を取り消すか，取消しとした場合，保証金の没取までするか，するとしてその全部か一部かを判断して，2つの決定を同時にする。

しかし，例えば，検察官から，被告人が逃亡中であり，急速に身柄を確保しないと行方不明になるという理由で保釈取消しと保証金の没取の申立てがなされたとする。この場合，裁判所としては，とりあえず保釈取消しだけをしておいて，保釈金の没取については別途慎重な判断をした方がよいとする事情もある。加えて保釈金の納付者が被告人以外の者であった場合には当該納付者に弁解と防御の機会を与えるためにも両者の裁判を別の機会にするという合理的必要も生じよう。

また，保釈の取消しと保釈金の没取は，一体となってはいるが，あくまで別の性格をもつ2つの決定であって，これを別の機会に裁判をしてはならないとする明文上の根拠はない。さりとて法96条2項や刑訴規91条1項2号がこれを禁止した規定とまでは到底読むことができない。むしろ，後に検討する告知の問題等を考えれば後者の見解のほうが妥当であろう。

次に，後者の見解に立つ場合には，いつまでならば保釈取消後において保証金没取の裁判をしてもよいのかが問題となる（没取決定の時期的限界）。これについても，収容後の没取はできないとする考え方と収容後も没取をすることができるとの考え方が対立する。

保釈保証金の没取決定がなされるのは，判決確定前の被告人の保釈を取り消す場合（法96条2項）と判決確定後収容に応じない場合（同条3項）が，あるが，いずれの場合であっても保釈保証金の還付請求権は，収容によって確定的に発生するか（国の還付義務が確定するか）否か，両方で異なる判断がなされてよいか。最高裁判例（最高決平21.12.9判時2096-146）は，被告人が刑事施設に収容され刑の執行が開示された後であっても，保釈保証金を没取することができるとする

が，保釈取消しの場合には異なった解釈をとってよいか，などが問題となろう。収容後の没取はできないとする見解の理由は，おおむね，次のようになる。

① 刑訴規91条1項2号の文理上，収容するまでと解すべきであって，保釈を取り消した後ならいつまでも没取できるとするのは，法的安定性を欠きとり得ない。

② 収容されると，収容時をもって保釈保証金のもつ役割は終えるのであるから，未没取に対する還付請求権が確定的なものとなる。

③ 法96条2項による没取と法96条3項のそれを同一に解する必要性はなく，没取の可否が区々になってもやむを得ない（その理由について具体的に触れたものはないが，法93条3項は，刑が確定し，呼び出しを受けたにもかかわらず正当な理由がなく出頭しなかったまたは逃亡したときには，当該事実に対する制裁として，収容の前後を問わず，必要的没取ができると読めるが，取消しの場合には，取消事由が多様であり，一種の制裁となる没取については謙抑的であるべきで個別事情に応じた裁量による没取を認めたもので，統一した解釈は必ずしも求められていないと考えられないだろうか）。

これに対して，収容後でも没取ができるとする見解の理由は次のようなものである。

① 法96条2項は，保釈保証金没取決定の可能事由を定め，刑訴規91条1項2号は没取決定がない場合の保釈金の還付事由を定めたもので，いずれも没取決定の時期まで規定したものでない。

② 刑訴規91条1項2号は，収容と同時に保証金の還付請求権が発生することを規定するに留まるものであって，解釈上還付までは没取が可能であり，没取の裁判があるとその限度で還付請求権が消滅する。

③ 実刑判決が確定し収容された後の没取が可能なことについては，判例が確定しており，実刑判決による収容後の没取と保釈取消しによる収容後の没取を区別する合理的理由がない。

なお，東京高裁昭62.1.5決定（高刑集40-1-1，判タ646-226）は，法96条2項による保釈保証金の没取につき収容の前後を問わず還付されるまで没取できるとしたもので，後説に立つ最初の裁判例である。最大の問題点は両説の各②の

理由付けにあると思われる。後説の理由付けは，還付請求権が収容と同時に発生するにもかかわらず，還付されるまで没取が可能であるとするもので，還付請求権者の権利が流動的・不安定なものとなり，解釈として疑問を抱かざるをえない。特に被告人以外の者が保釈保証金の還付請求者であった場合を考えると問題ありといわざるをえない。やはり，各条文の解釈からしても，原則として収容時をもって国の保証金還付義務が確定すると解すべきであろう。この問題について，私は次のように考えている。

　法は，保釈の取消しと保釈保証金の没取について，職権による場合と検察官の請求による場合の2つの手続を定める。これに対して実刑判決が確定された後の没取は検察官からの請求による。そこで，検察官から保釈取消しのみの請求がなされ，保釈保証金の没取請求がなされなければ，裁判所は取消しの可否のみを判断し，取消しによる収容をもって国の保釈保証金に対する還付義務が確定する。次に，保釈取消しと保釈保証金の没取の2つの請求がなされると裁判所は2つの決定をすることになるが，2つの裁判は必ずしも同時になされなくてよい。保釈取消しの可否の判断を先行し，その後に没取の要否について裁判をすることも許される。

　この場合，没取の裁判が告知されるまでの間に被告人が収容されることがありうるが，収容によって国の保証金に対する還付義務は確定しない（没取の裁判が確定するまで還付することができず，没取の裁判が還付の条件にかかることになる）。一方，裁判所が職権によって保釈の取消しをする場合，同時に保釈保証金の没取についても裁判をしない以上，没取をしないものと判断してよく，収容によって国の還付義務が確定する（職権による場合には，裁判所は，通常，判断の対象となった事象について事実調査をしたうえで発動するので，検察官請求の場合と異なってもよいであろう）。

　ただし，裁判所が，保釈取消しの裁判書において，没取の要否については後日に留保するという趣旨を明示した場合には，収容後となっても没取の裁判は許され，検察官請求の場合と同一になる[5]。

　なお，両説の理由の③については，実刑判決確定後の保釈保証金の没取についても，検察官から収容までに没取の請求がなされていない以上，収容後の没

取は許されないと解する。このように解したとしても最高裁平21.12.9決定とは必ずしも矛盾せず，かえって統一的に解釈できるといえよう（詳しくは後述する）。

以上のような考え方をとることによって，法解釈の整合性と安定性が図られ，また，保釈取消しと保釈保証金の没取がその性格を異にし，実務上，別の機会に裁判をした方がよいとする事情にもよく対応できると思うのであるが，全くの私見であり，1つの問題提起であるにすぎない。

(3) **第2点の告知と決定謄本の送達について** 告知に関する基本的な考え方については，保釈許否の裁判において論じたところと同じであるから，重ねて述べない。問題は，保釈取消しの裁判は，告知を要するか否か。要するとして，それは誰に裁判書の謄本を送付することになるのか。さらに保釈保証金の没取を保釈取消しの場合と同一に解しうるか。

冒頭に示した裁判書は，2つの決定が1つの書面をもって一体としてなされているのをどう考えるか，いずれの場合であっても逃亡した被告人との関係でどう対処することになるのかである。

まず，告知を要するとする見解の主たる理由は，刑訴規34条による原則に対する例外規定がないこと。さらに被告人に対して保釈取消決定と保釈金没取決定のあったことを知らしめ，収容手続に着手する前に不服申立ての機会を与えておくべきで，被告人の権利保護の要請から各決定の外部的効力発生のために必ず告知（裁判書の謄本の送達）をしなければならないと解することによる。したがって，誰に送達を要するかといえば，もとより被告人に対してということになる。

この場合，被告人が逃亡していれば，収容前の送達が不能となるが，被告人が刑訴規62条による制限住所外に書類送達場所を届出していない限り，告知の方法として裁判書の謄本を最後の住所宛に書留郵便にて送達すれば，当該決定の効力が生じると解する[6]（刑訴規63条2項）。なお，海部安昌（判タ128号44頁）は，検察官請求による場合には請求者である検察官および被告人に送達することを要し，そのいずれかに送達があれば外部的に成立するとしている。

これに対して多くの見解は[7]，その結論を先に示すと，保釈取消しについては

告知を要しないが,保証金没取については被告人に対する告知を要するとする。

まず,保釈取消しについて告知を要しないとする理由は,逃亡中の被告人に対して裁判書の謄本の送達が困難であること,さらに,保釈取消決定の性質からあらかじめ送達をしたうえで執行に着手しなければならないことになると,被告人に逃亡を予告するに等しい結果を招くことになり決定の目的に沿わないこと。保釈取消しとなると,保釈によって停止されていた勾留状の執行が復活し,勾留状の執行として収容されるが,その執行にあたっては収容の際に取消決定の謄本を被告人に示すことと規定されており(法98条),このことは裁判の特質に照らして勾留更新の場合と同様であって,刑訴規34条但書による送達を要しない,特別の場合に該当するとするものである。

次に,保釈保証金没取の場合に告知を要するのは,裁判の内容をあらかじめ告知することになっても執行の妨げにならないこと。さらに,送達を必要としないと解する実質的根拠がないこと。また,送達方法について,収容されたのちに通常の方法で謄本を送達することが可能であることなどから,被告人に対する告知(裁判書の謄本の送達)をなすべきであるとする。

さて,これをどう考えるかであるが,告知(裁判書の謄本の送達)を必要とする見解は,法手続(ここでは規則34条)の厳格な解釈を貫くことで,被告人の権利上の保護を図らんとするもので評価しうる。しかし,私は,勾留取消しの決定については,その特質から事前の送達を要しないとする見解をとらざるを得ないと考えている。

保釈取消しの裁判は,保釈により一旦停止されていた勾留の効力が,取消しによって再び発動し,直ちに執行機関に対して執行を命じる性格をもつもので,被告人にその裁判書の謄本を送達することが執行の要件となっているとは解し難い。そのことは,その執行にあたって被告人に対して勾留状謄本および保釈取消決定の謄本を示すことになっており(法98条,なお検察官の収容指揮書のみを示したのでは違法となり,収容手続はとれない),勾留状によって再収容することになる収容手続のあり方とも符合する。

そうすると,勾留状の場合とその決定の性格も執行方法(法73条)とも同じであって,刑訴規34条の関係では,同条但書の解釈によって裁判書の謄本の送

達を要しないことになる。

　保釈保証金の没取については，後者の見解の理由どおりであって，被告人に対する送達を要するし，そのことが効力発生の要件となると解すべきである。被告人に対する送達は，収容されたのち，すみやかに通常の方法で収容された刑事施設（勾留状記載の施設であるが，移管の手続が取られていれば移管先の刑事施設）になされるべきで，保釈制限住所への送達はそれが不能となることが明らかであるから避けるべきである。

　なお，保釈取消決定および保釈保証金没取決定のいずれについても被告人に対する通達を必要とする見解は，あるいは2つの決定が同時になされることを前提としているように思われる。その意味でも2つの決定を被告人に送達すべきとするのであろう。しかし，2つの決定は，別の機会になされてよいことはすでに述べた。

　この場合でも，同時になされた2つの決定の裁判書謄本を，被告人の収容後に送達すればよいし，保釈保証金没取決定の謄本のみが送達されてもよいということになる。ただし，分離された保釈保証金没取の裁判書は，どのような理由で保釈を取り消したうえで，保証金の没取をするかの理由が示されるべきである。

　このように解釈してこそ，被告人の不服申立てが保障されることになるといえよう。

　(4)　第3点の被告人以外の者に対する没取　　第3点は，被告人以外の者が，保釈保証金等を納付しまたは保証書を差し出した場合の保釈金没取決定についてである。この点については，最高裁昭43.6.12決定（刑集22-6-462）が重要である。

　まず，決定は，保釈保証金の没取裁判について「国に対する保釈保証金もしくはこれに代わる有価証券の還付請求権を消滅させ，またはその者に対して保証書に記載された保証金額を国庫に納付することを命じることを内容とする裁判である」としたうえで，「その者はまさしく法352条にいう『検察官又は被告人以外の者で決定を受けた者に該当する』から不服申立権があるとして，納付者に対して独立の不服申立権を否定してきた以前の判例（①最決昭31.8.22刑集

第2部 保釈の実務

【書式2】

昭和44年（す）第89号
　　　　　　　　　　　　決　定
　　　　　　　　　　　　　　　　被告人　　　　T
　　　　　　　　　　　　　　　　右弁護人（保釈保証金納付者）　Y
　右被告人に対する売春防止違反被告事件（当裁判所44年（あ）第176号）について，被告人を保釈中のところ（保釈保証金は弁護人Yが納付），被告人は裁判書の定めた住居の制限に違反したので，当裁判所は，検察官Kの請求により，刑訴法96条1項5号，2項を適用のうえ，次のとおり決定する。
　　　　　　　　　　　　　主　文
　被告人に対し，昭和43年12月27日大阪高等裁判所がした保釈許可決定は，これを取消す。
　保釈保証金20万円は，全部これを没取する。
　　昭和46年5月2日
　　　　　　　　　　　　　　　最高裁判所第三法廷
　　　　　　　　　　　　　　　　裁判長裁判官
　　　　　　　　　　　　　　　　裁判官
　　　　　　　　　　　　　　　　裁判官
　　　　　　　　　　　　　　　　裁判官

出所：刑裁月報1，2資料編28頁より引用。

10-8-1，②同33.7.15刑集12-11-2578，③同34.2.13刑集13-2-153）を変更した。

　したがって，被告人以外の者が保釈保証金等を納付し，または保証書を差し出した場合には，それらの者に対して保釈保証金没取の裁判書の謄本を送達しなければならない（昭43.6.24・最高裁刑2第13号として高裁長官，地裁所長および家裁所長宛に，その旨の刑事局長および家裁局長通知がなされている。裁判所時報500号）。

　この場合の保釈取消し，保釈保証金没取決定の裁判書については，**書式2**のようなものが示されており，この書式は地裁，高裁レベルでも同じことになる。

　前掲最高裁昭43年決定について若干検討しておく[8]。

　事案は，被告人が実刑判決確定後，所在不明となった。東京地裁は，法96条3項により保釈を取り消し，保釈保証金全部を没取する旨の決定をした。弁護人は，保釈金の一部につき，自ら保釈保証書を差し出していたことから，本決定に対して抗告の申立てをした。

これに対して，原決定（東京高刑集22-6-462）は，抗告を不適法として棄却し，その理由として，申立人は刑訴法351条にいう被告人でないことはもちろん，同352条にいう被告人以外の者で決定を受けた者にも該当しない。また被告人から本件抗告について委任を受けた形跡もないとした（被告人は逃亡中であるから委任を受けることはできない）。原決定が，従前の最高裁判例（前記①ないし③）を踏襲したことは明らかである。

　従前の判例が，保釈保証金の納付者に対して，独立した不服申立権を認めなかった理由は定かでない。が，およそ次のようなものとされている。①第三者による保釈請求権の性格が代理権によるものと理解してきたこと，②第三者の保釈請求であった場合にも，保釈決定を受けるのは被告人であり，保釈取消決定および保証金没取決定についても同様に考えること，また③第三者は被告人を信頼して保証金を没取される危険を自ら負担し，あるいはすることを裁判所に承認している，のであるから，不服申立権はないと解した。

　これに対して，本決定は，保釈保証金の納付，保証書の差し出し人は，その者と国との間に直接の法律関係が生じること，保釈金没取決定の性格，効果からみても当該決定は法352条の「被告人以外の者で決定を受けたもの」として，不服申立権があるとした。ただ，本事件における保釈請求権者は，当該弁護人であったが，本決定は，これが代理権に基づくものか，固有権に基づくものかについて言及していない。代理権に基づくものであったとしても，保証書を差し出した者には異議申立権が付与されるべきだと判断したと読める。

　この点について，私見によると，第三者による保釈請求は，原則として固有権によるものと解しているので，保釈許可決定も，保釈取消決定および保証金没取決定もその名宛人は保釈請求者，すなわち本件では当該弁護人であることになるので，当然に不服申立権をもつことになる。

　なお，本決定のもう1つの争点として，第三者に対してあらかじめ告知，弁解，防御の機会を与えることなく，保釈保証金没取決定によって没取することが，憲法31条・29条に違反しないかという問題があった。同決定は「事後に不服申立の途が認められれば，予め告知，弁解，防御の機会が与えられていないからといって違法は認められない」旨判示した。しかしこの場合の没取は，明

らかに第三者の財産権を侵害する結果になるのであるから，適正な手続によらねばならず，事前に告知，弁解，防御の機会を与えるべきが原則であって，基本的に疑義がある。

特に，本件の抗告理由を読む限り，弁護人は被告人に対する刑の執行が支障なく行われるように検察官に情報を提供するなどして積極的に協力してきたようであり，取消事由にも責任を負うものとは認められない。そうであるとすると，やはり弁護人に対して事前に弁解，防御の機会を保障すべきであった。

一般的にみて，事前の機会の保障をすれば，被告人の逃亡を増長するということを考慮したと思われる。しかし，かかる不安というのは客観的に認められておらず，机上の推論であり，かつ適正手続の前には譲歩されるべきことでしかない。仮に一歩譲って，被告人との関係で緊急を要する事情があれば，同時決定の必要はないのであるから，保釈取消決定を先行し，収容までにすみやかな保釈金没取の審理を開始することで解決するという方策がとられてもよい。

2 保釈の当然失効

保釈の当然失効には，勾留の効力は存続するが，保釈のみが失効する場合と勾留失効の反射的効力として保釈が失効する場合がある。前者が，法343条の場合，後者が法345条の場合である。

1 法343条の場合

（1）**刑の宣告と保釈の失効**　保釈中の被告人に対して，禁固以上の刑の宣告があったときには，保釈の効力が失われる。すなわち，保釈によって一旦身体の拘束が解かれていたが，有罪判決の宣告によって再び拘束状態が生じることを意味する。ただし，禁固以上の実刑判決に限られる（執行猶予付の場合は法345条）。この立法趣旨は何か。

一般的には，被告人の無罪推定が破られるからであると説明されているが，これに加えて，現行刑訴の第一審重視からくる刑の執行の確保をあげる見解，実刑判決の言い渡しを受けたことによって被告人の逃亡のおそれが増大するから当然に失効させるとする見解などもある。ここでの見解は，実刑判決後の再保釈基準を考えるうえで影響を与える。刑の執行の確保，逃亡のおそれの増大

を理由とする見解は，それなりの理由をもつが，再保釈基準を厳しく設定することにつながり真正面からの理由とすることに抵抗を覚える。

　やはり，理論的には，被告人は無罪推定の原則から，権利として必要的保釈が認められるが，その原則が崩れたので，従前の保釈の効力を一旦失わしめたうえで，改めて保釈の許否について仕切り直しをさせることにするというのが妥当でなかろうか。

　(2)　保釈失効による手続　　本条により保釈が失効した時には，新たに保釈がなされない限り，被告人は直ちに刑事施設に収容されることになる。収容手続については，法89条が準用されるが，この場合の収容は，判決の執行によるものではなく，判決の宣告があったことにより保釈が失効するという法的効果が生じることによる。

　したがって，法473条によるものでもないし，法98条1項に規定するような決定の謄本は必要でない。被告人名，被告事件名，宣告刑，宣告年月日，裁判所を記載し，これに裁判長または裁判官が相違ないことを証明する旨付記し認印した勾留状の謄本を被告人に示すことでよい（刑訴規92条の2）。なお，再保釈の問題については第7章で述べる。

　(3)　控訴審判決と保釈の効力　　禁固以上の刑に処する第一審判決に対し控訴が申し立てられ，控訴後再保釈がなされた被告人に対し，控訴棄却の判決があったような場合，法404条によって本条の準用があるとするのが通説であり，実務でもある。

　問題となるのは，第一審の実刑判決によって被告人が刑事施設に収容されていたが，控訴審において破棄差戻しの判決があった場合の取扱いである。新たな保釈の裁判がない限り，被告人は釈放されないとされている。すでに保釈が失効し，この段階では保証金も還付されているから，改めて保釈の申立てをせざるを得ない。ただし，この場合，法344条の適用がなくなるのであるから，権利保釈（法89条）の許可基準によるべきことになろう。

2　法345条の場合

　(1)　勾留状の失効　　無罪，免訴，刑の免除，刑の執行猶予，公訴棄却（法338条4号を除く），罰金または科料の裁判が言い渡されたときには，本条により，

上記裁判の告知と同時に，勾留状が失効することになるので，検察官の釈放指揮を待つまでもなく，直ちにその場で被告人の身体の拘束が解かれることになる。

ただ，実務では，被告人は勾留場所である刑事施設に所持品等を置いたまま法廷につれてこられており，手錠，腰縄の拘束を解かれるが一旦もとの勾留場所に戻されたうえ，所持品等の返還手続を了したのち自由な身となる。案外，この手続に時間が要するもので，改善が図られてよい。

なお，被告人が外国人である場合には，出入国管理および難民認定法24条の各退去強制事由に該当するとして検察官が出入国管理事務所に通報しており，判決言い渡し後直ちに身体拘束がなされ収容手続が取られることがあるので注意しなければならない。

(2) 保証金の還付 　保釈保証金の還付請求権は，当然確定判決を待たず発生することになるから，判決後直ちに還付手続を取るべきである。これは権利であるとともに，被告人の社会復帰を助けるうえで大切なことである。

3　保釈保証金の没取

保釈は，保釈保証金の没取という苦痛を予告することによって，被告人の逃亡を防止するところに主要な目的があり，保証金は被告人への公判の出頭および自由刑の執行を担保するものであるとされる。したがって，保釈を実効あらしめるために，保証金条件の違反があれば，保証金の没取が必要となるが，これはもとより刑罰ではなく，いわば一種の違約罰とみる。

没取がなされるのは，保釈取消しによる場合（法96条2項）と判決確定後の場合（同条3項）であって，前者は裁量的，後者は必要的になされる。没取決定の執行は，現金または有価証券については別段の執行を要せず没取決定の執行力によりその内容どおりの法律関係が形成され保証金が国庫に帰属する（昭45.7.17最高裁刑事局長および経理局長回答。裁判所時報550号）。保証金については，没取決定に基づく検察官の納付命令を債務名義として納付者から徴収される（法490条）。

没取の法的性格および法96条2項の保釈取消しによる場合の没取については第2節においてすでに検討済みである。この稿では，法96条3項の場合の没取，とりわけ最高裁平21.12.9（刑集63-11-2907）および同平22.12.30決定（刑集64-

第6章 保釈の失効

表1 没取と還付の関係

	保釈	収容手続	没取	還付
保釈取消し	法96条1項 裁判所は次の各号の1にあたる場合には……決定を以て保釈を……取り消すことができる。	法98条による。	法96条2項 裁判所は，決定で保証金の全部又は一部を没取することができる。	規則91条1項2号 保釈が取り消され……たため被告人が収容されたとき。
保釈失効 判決宣告後確定前	法343条 禁固以上の刑に処する判決の宣告があったときは，保釈……はその効力を失う。	規則92条の2による。	没取規定なし	規則91条1項2号 保釈が……効力を失ったため被告人が収容されたとき。
保釈失効 確定後	同上	法484条，同485条による。	法96条3項 判決が確定した後，執行のため呼出を受け，正当な理由がなく出頭しないとき，又は逃亡したときは，検察官の請求により，決定で保証金の全部又は一部を没取しなければならない。	規則91条1項1号か同条1項2号か。

出所：注4）多谷論文。

8-1356）について補充的に検討する。

（1） 没取と還付の法構成 　保釈金の没取および還付をめぐる問題について，ここで改めて法規上の構成および私の考えの結論を整理しておく。

さて，表1を前提として，保釈金の没取についての問題は，保釈取消しによる没取（法96条2項）と有罪判決宣告後の没取および有罪判決確定後の没取（同条3項）である。法96条2項の没取について，私のとる結論は以下のとおりであり，その理由はすでに述べたとおりである。

① 保釈取消決定と保証金の没取決定は，同時になされる必要はない。

② 保釈取消しの裁判は，告知をしなくても成立する。が，保釈金の没取の

裁判は，被告人・保釈請求者（保証金の納付者，保証金の差し出しの場合も含む）に告知することによって成立する（実務上は双方に対して謄本の送達がなされるべきである）。
③ 保釈没取決定がなされず，被告人が収容されれば，原則として保釈金の還付請求が発生し，事後の没取はできない。
④ しかし，裁判所が職権で保釈取消しをする場合，保釈取消しの裁判書において，没取の要否について後日に留保するとしたときは，収容後の決定であっても没取は可能である。

　検察官の請求による場合には，被告人の収容までに保釈金没取の申立てがなされておれば，収容後の決定であっても没取は可能である。

　次に，本題である有罪判決宣告以降の没取について検討することにする。判決確定前の没取については，その規定がない。また判決確定後についての還付の規定は前表のとおり不明確であって，このことが解釈上問題となる。とりわけ前者に関しては最高裁平21.12.9決定（刑集63-11-2907），後者については最高裁平22.12.20決定（刑集64-8-1356）の分析が重要となる。

（2）　判決確定前の保釈金の没取　　被告人が，実刑判決を受け，判決確定前の期間に，逃亡したことを理由として保釈保証金の没取ができるか。

　具体的には，次のような場合が問題となる。すなわち，被告人は第一審段階では出廷義務があるから実刑判決の言渡しがなされると，通常はその場で直ちに勾留され（法343条による法98条準用。規則92条の2），再保釈の許可決定がない限り，刑事施設に収容されるので，そもそも逃亡という問題が生じない。再保釈が認められた場合の控訴審では，控訴審での判決が宣言されるまでの間の逃亡については保釈取消しによる保証金の没取で対応される。また，控訴審の控訴棄却の判決の宣告があると，保釈は失効するから，新たに保釈決定がない限り，刑事施設に収容できる（法404条による法343条の準用）。

　しかし，控訴審では，判決宣告の期日に，被告人は出頭を要しない（法390条）ので，直ちに収容のための勾留手続が執行できず後日となる（この勾留手続についても法404条による法98条の準用。規則92条の2）。上告にあたって新たな保釈が許可されればよいが，保釈が許可されないと控訴審の判決後，上告審の判決に

至るまでの間の逃亡につき対応条文がないことから問題が生じる。

　何故，かかる問題が生じたかであるが，判決確定後の逃亡等に対応する法96条 3 項の規定は，旧法119条 3 項がほぼそのまま承継された。一方で，現行法の改正過程で新たに法34条が加えられたことから，禁錮以上の実刑判決があると保釈は当然失効することになったが，判決確定前に執行を免れるために逃亡した場合の没取に関する手当てがなされていないことによるといえる。

　そこで，これを法解釈の運用によって解決できるかである。この点について，没取可能とする肯定説がある[9]。その理由とするところは，法は保釈保証金が収容の担保であることを認めていること，最高裁判例（昭25. 3. 30刑集 4 - 3 -457）が「保釈中の被告人に対し，禁錮以上の刑に処する判決の宣告があった場合でも，被告人が「収容され，またはその判決確定後執行のため呼び出しを受けた後でなければ保釈金を返還する必要がない」と判断したことを踏まえると直接の明文規定がなくとも没取ができる。また，このように解さないと不合理が生じるからであるとする。法律上の根拠は，法96条 3 項の準用ということになるのであろう。しかしながら，賛同できず，没取は否定されるべきである。

　法96条 3 項が，刑の確実な執行を担保したものであることは否定しない。しかしその機能は，有罪判決の確定によって極めて低いものとなるから，同条は執行の担保に尽きるものでなく，むしろ判決確定後の逃走に対する「制裁」としての没取という意味をもった規定であると理解できる（判決確定前と確定後につき峻別して考えてよいと思う）。

　保釈取消しによる没取が，裁判所の裁量であるのに対して，法96条 3 項が検察官の請求による必要的没取としたのは，この趣旨によるといえよう。また，最高裁昭25年決定は，被告人の収容前には保釈金の返還請求権が発生しないことを判示した点に意義があり，ここでの問題は射程外のものである。

　そして，何よりも，没取は保釈制度のもつ本来の目的を離れて，あらたな財産権の侵害に及ぶものであるから明文の規定がない以上許容されるべきでない。このことは保釈金の納付者の多くが被告人以外の第三者であることを考えれば，一層明らかである。

　最高裁平22. 12. 20決定[10]（刑集64- 8 -1356）は，被告人が，控訴審の判決後，上

告中に逃亡していたが，身体を確保され，収容後に上告を取り下げた事案につき，「保釈された者が実刑判決を受け，その判決が確定するまでの間に逃亡等を行ったとしても，判決確定までにそれが解消され判決確定後の時期において逃亡等の事実がない場合には，同項（法96条3項）の適用ないし準用により保釈保証金を没取することはできないと解するのが相当である」と判旨したもので，妥当な結論といえる。

(3) 判決確定後の没取　法96条3項所定の事由が認められ，被告人が刑事施設に収容され，刑の執行が開始されたのちにも保釈保証金の没取はできるか（有罪判決確定後の没取の時期的限界）。

この可否をめぐっては，学説・判例ともに肯定説と否定説の対立があった。これに対して最高裁平21.12.9決定（刑集63-11-2907）は肯定説に立つことを明らかにした。しかし，これによってすべてが解決したとはいえない。以下，最高裁平21年決定において残された課題も含めて検討する。

まず，最高裁平21年決定に至るまでの肯定説と否定説の対立点を整理する。否定説（没取は不可）の理由は，おおむね次のとおりである。

① 保釈保証金の目的は，あくまで刑の執行担保であるから，収容され刑の執行が開始されている場合，保釈保証金はその役割を終えており，収容後の没取は刑の執行担保の趣旨を超え過去の逃亡等に対する懲罰としての没取となるから許されない。

② 保釈保証金は「収容されたとき」に「還付しなければならない」とする刑訴規91条1項2号の文言から，収容と同時に確定的な還付請求権が生じるのであり，同規則は収容後の没取を禁止する趣旨であると解すべきである。

否定説に立つ判例として，大阪高裁昭38.2.2決定（大阪高裁刑事判例速報昭和38年1号）がある。

肯定説（没取可能）の理由は，おおむね次のとおりである。

① 保釈保証金は収容のための担保という意味をもつが，収容に応じない場合には，逃走等の事実に対する制裁としての性格をもつ。したがって，没取事由が生じている以上，これに対する制裁は許容され，収容の事後

によって没取の可否が影響を受けるものでない。
② 刑訴規91条1項2号には,「収容」が還付の要件となることを規定するにとどまり,「収容」によって確定的な還付請求権が生じるわけではなく,「収容」と同時に保証金を還付しなければならないものではないと解するべきである。

　　肯定説に立つ判例として,東京高裁昭48.10.8決定（刑月5-10-1382）,さらに大阪高裁昭51.1.28決定（高刑集29-1-24）がある。

　要するに,肯定説と否定説の対立は,実刑判決後の保釈保証金の性格・没取の機能をどのように解するかにかかっている。肯定説は,刑の執行ないし収容に応じないことに対する制裁としての意味をもたせるのに対して,否定説はそのような解釈をとることが保釈保証金の本来の性格に反するとするところにあるといえる。

　そこで,最高裁平21年決定をみる。この事案は,被告人が実刑判決確定後,刑の執行のための呼び出しに応じず,その所在が判明しなかったことから,検察官から判決確定から約4ヵ月後に保釈保証金の没取請求がなされた。しかし,被告人は没取請求の日の4日後に発見され刑事施設に収容された。裁判所が収容後に保釈保証金の一部を没取する旨の決定をしたことに対する特別抗告である。この事案に対して最高裁は,原々審決定が抗告理由として引用された前記大阪高裁昭38年決定に相反する判断であるとしたうえで,次のように判旨して引用判例を変更して抗告を棄却した。

　「この規定（法96条3項）は,保釈保証金没取の制裁の予告の下,これによって逃亡等を防止するとともに,保釈された者が逃亡等をした場合には,上記制裁を科することにより,刑の確実な執行を担保する趣旨のものである。このような制度の趣旨にかんがみると,保釈された者について,同項所定の事由が認められる場合には,刑事施設に収容され刑の執行が開始された後であっても,保釈保証金を没取することができると解するのが相当である」（丸かっこは筆者）。

　これによって,最高裁が肯定説に立ったことは明らかであるが,なお検討すべき課題は残されているといえる。

　すなわち,本決定は,検察官が刑の執行開示前に保釈保証金没取請求を行っ

た（没取請求→収容→没取決定）事案であって，刑の執行が開始された後の没取請求（収容→没取請求→没取決定）の可否について判断したものではないから，後者の場合の没取可否の問題は残る。ただ，判例の解説[12]によると，刑の執行が開始された後の没取についても否定する趣旨ではないと思われるとしている[13]。しかしながら，保釈保証金の還付請求権が発生する要件は，被告人が刑事施設に収容されたことのみで，他の要件はない。

したがって，裁判所としても，被告人の収容が確認（検察官の収容通知書または収容証明書）できれば，当然に保釈金の還付手続をとるべき義務が生じる。その意味で，刑訴規91条2項は，収容によって確定的に保証金の返還請求権が発生することを前提とした規定であるとするのが原則的解釈であろう。そうだとすると，検察官が，被告人を収容したのちに保釈保証金の没取請求をした場合，当該請求が返還請求権の効力を停止させ，その後の裁判所の判断（決定）によって没取ができるとするためには，明文上の根拠が必要であるというべきであるが，その旨の規定がないから没取はできないことになる。

一方，検察官は，判決確定後に逃亡等の事由が発生すれば，保釈保証金の没取請求権を有する（行使するか否かは裁量であるが）。そして，検察官から没取請求がなされると，保釈保証金の帰趨は，当該請求に対する判断の結果（決定）にかかることになるから，決定が収容前であろうが収容後であろうが，結論を左右するものではない。

私は，このように解することによってこそ，保釈取消しによる被告人収容後の保釈保証金の没取，実刑判決後，判決が未確定の場合の収容後の没取，実刑判決確定による収容後の没取のそれぞれの可否について統一的に解釈できると考える。そこで，この考え方が，最高裁平21年決定と整合性をもつか，さらに実務上の取扱いに整合するかについて検討しておく。

まず，最高裁平21年決定は，確かに肯定説に立ってはいるが，すでに述べたとおり，その事案は没取請求→収容→没取決定のケースであること，さらに保釈保証金の目的につき，刑の執行ないしは収容のための担保としての機能を果たすこと，そのうえで制裁としての機能をもつことを明らかにしたもので，必ずしも過去の事実（逃亡等の事由）に対する制裁としての機能にウェイトを置

いたものでない。むしろ制裁は身体確保のための手段であると解していると読める。[14]このことは最高裁平22年決定によって、さらに明確になったといえよう。

したがって、最高裁平21年決定は、収容→没取請求→没取決定という事案についてまでを射程に置いたものではないであろう。

次に実務との関係からみてどうであろうか。一般的には、上訴審において保釈されていた被告人に対して、実刑判決が確定すると、当該事件の確定記録は、原裁判所（第一審）に返還される。原裁判所に対応する検察庁は、これを受けて、一定の期間を置いて被告人収容のために呼び出しをすることになる。

一方、被告人としては、収容に備えてこれまでになしえなかった身辺整理にかかっている（ここでの身辺整理というのは、家事問題にとどまらず、刑務所では治療困難な病気の手当て、例えば歯科治療などが多くみられるが、そのことも含めて用いる）。その関係で、定められた呼び出しの日に出頭できないこともあるが、正当な理由があれば検察庁との調整で、別の日時に変更することもありうる。

さらに身辺整理上、被告人が住所を移していることもあり、一時的に連絡がとれないこともあるが、検察庁は移転先あるいは勤務先にあたって呼び出しの日を指定する。これらの調整には、保釈請求をした弁護人が検察庁と被告人との間に立ってあたることが多い。この限りにおいて、保釈保証金はなお収容のための担保としての本来的機能が働いており、没取請求が問題となることはない。

しかし、上記のような状況を越えて、被告人の所在が不明となり、弁護人の協力も限界が生じると検察庁としては、刑の執行のために本格的調査をすることを余儀なくされる。そのために、時間的にも労働的にも国のコストが生じることになるので、調査の進展を見守りながら、被告人が任意に収容に応じることに期待できず、もはや逃走したと判断されれば、保釈保証金の没取請求をすることになる（なお、没取請求の管轄裁判所の規定はないが、請求に基づく裁判が最も正当かつ適切になされるために、現に本案記録の存在する検察庁に対応する裁判所であることにつき、最決昭31.10.23刑集11-10-2694）。

没取請求を受けた裁判所は、その事由が認められる限り必要的に没取をすることになるが、保釈保証金の納付者が第三者である場合には防御の機会を与え

ることになる。また，そのことによって保釈金の一部没取か全部没取かの判断も適正なものとなる。したがって没取の請求から決定に至るまでに時間を要し，その間に被告人が収容されることもありうる。

　以上のような流れの中で，被告人の収容時までに没取請求があった場合に限って収容後の没取が許されるとする結論をとることに実務上の支障は生じないといえる。[15]

1）　さしずめ，荻原昌三郎「保釈により保釈後，保釈請求を取り下げることの可否」（判タ296号363頁），金谷利慶「被告人からの申出による保釈取消の可否」（増補令状基本（下）60頁）。
2）　例えば，後藤昭「未決拘禁法の基本問題」（福井厚編『未決拘禁改革の課題と展望』）。
3）　小島祐康「保釈の取消」（捜査法大系Ⅱ254頁），神垣英郎「保釈中の被告人が公判期日に法廷内に現われたが，審理拒否の態度を示した場合と刑訴法96条1項1号」（増補令状基本（下）66頁）など。
4）　池田眞一「保釈保証金没取決定の時期」（判タ296号366頁），秋山規雄「保釈取消と別の機会の保釈保証金を没取することができるか」（増補令状基本（下）76頁），多谷千香子「保釈取消決定に基づく収監後に保釈保証金を没取することの可否」（研修476号63頁），川上拓一「大コメ231頁」，その他昭32.11の東京高裁管内簡裁判事会同における刑事局意見（刑裁資料140号95頁），木本剛「昭62年重要判例解説」（ジュリ910号184頁）など。
5）　池田眞一「保釈保証金没取決定の時期」（判タ296号367頁）は，保釈取消後において保釈金没取の裁判をすることは，法的安定性の見地から許されないとしたうえで，「もっとも，保釈取消時の一部没取の裁判書自体で残部保証金（例えば，第3納付者）没取の要否の検討を後日に留保する趣旨を明示している場合には，残部保証金没取の要否をさらに裁判することが許されるのは当然である」としている。
　　実務上，保釈取消しの裁判書において残部保証金没取の要否を留保できるのであるから，保証金全部につき留保する旨の裁判書が許されても何ら支障はないと考える。
　　そのことによって，とりわけ第三者が保証金の金額を納付したようなケースでは，一層妥当な解決がはかられることになるといえよう。
6）　横川敏雄ほか「逮捕，勾留，保釈」226頁。海部安昌「被告人が逃亡したことを理由としてなされた保釈取消決定並びに保釈金没取決定を被告人に告知することの要否」（判タ128号4頁），判例として福岡高裁高崎支部昭34.9.8決定（高刑集12-7-14）。
7）　秋山規雄「保釈取消決定の謄本送達の要否」（増補令状基本（下）72頁）および同「保釈保証金没取決定についての謄本送達の要否及び送達方法」（同84頁）。松本敏雄「保釈取消決定謄本送達の要否」（判タ296号364頁）。横井大三「逃亡者に対する保釈取消決定の告知方法」（横井ノート145頁），綿引紳郎「保釈保証金等を納付しまたは保証書を差し出した被告人以外の者の保釈金没取決定に対する不服申立権の有無」（最高裁判例解説・昭43刑事編168頁）など。
8）　同上。

9） このことにつき，問題点を鮮明に指摘した初期の論稿として，横井大三「保釈保証金没取決定の時期」（横井ノート）があり，明文の規定がなくとも没取できるとしている（同138頁）。
10） 本決定に関する解説として判時2102号160頁。大久保隆志「保釈された者が実刑判決を受けた後に逃亡等を行ったが判決確定前に収容された場合における保釈保証金没取の可否」（刑事法ジャーナル Vol.29-136頁）。高部道彦「保釈保証金の没取の可否」（平23年重要判例解説，ジュリ1440号194頁）など。
11） 本決定の解説として，判タ1333号118頁および判時2094号146頁。檀上弘文「保釈された者につき，刑訴法63条3項所定の事由が認められた場合における，刑事施設に収容され刑の執行が開始された後の保釈金没取の可否」（刑事法ジャーナル Vol.24-122頁），石田倫識「刑の執行開始後の保釈保証金の没取」（平22年重要判例解説，ジュリ1420号242頁）など。
12） 判タ1333号・前掲注11）。
13） 判タ1333号・前掲注11）120頁。
14） 石田・前掲注11）。
15） 私見は，充分に練れたものでなく，問題のあることを承知したうえでの意見である。以下，そのことを明らかにする。今後の議論の素材となれば幸いである。

最高裁平21.12.9決定（刑集63-11-2907）を前提として，残された課題は，法96条1項または3項で定める一定の事由があり，被告人が収容され，その後に，没取の請求がなされた場合において，収容後の没取決定が許されるかであるとした。問題点を図表化すると次のようになる。

最決21年	一定の事由	没取の請求	収容	――	没取の決定	可
問題点	一定の事由	――	収容	没取の請求	没取の決定	?

ところで，保釈金の納付者が還付を受ける権利の性格は請求権であり（保釈金還付請求権），請求権の発生時期は被告人の収容である。ただ，還付請求権は，まず，納付した金額のすべてについて発生するが，没取の決定があると，その決定で定められた額が控除され残額についてのみ発生するという構造がとられている。一方，没取の決定の側面からみると，その決定において定めた金額を納付された金額から控除する効力をもつから，その法的性格は形成権とみてよく，いわば保釈金返還請求権を消滅させる効力をもつ。

そこで，問題点は没取決定を行うことができる終期はいつかということである（法上の明文はないが，保証金を還付したのちに没取の決定を行うことができないことは争いがない）。最高裁平21年決定は，収容されたのち，没取の請求があった場合でも，保証金の還付が了されていない以上，没取の決定ができるとしたもので，前記の法的構造からみれば，〈問題点〉についても没取可能というのが素直な解釈とみてよい。しかし私は，収容前に没取の請求をしていれば，収容後にも没取の決定をすることができるが，収容前に没取の請求をしていないと，没取の決定をすることができない（検察官が請求をしたとしても裁判所は却下することにならざるを得ないだろう）とした。

しかし，私見の大きな弱点は，この考え方に立つと没取の請求自体に，保釈金返還請求権について何らかの法律関係を変動させる効力を認めることになるといわざるを得な

いが，そのような効力を直截に法あるいは刑訴規則から導き出す根拠が見あたらないことである。

　それにもかかわらず，〈問題点〉について没取の決定を不可としたのは，返還請求権の阻却要件の存在を収容前に明らかにさせておくことによって権利関係が安定し，かつ第三者が保証金の納付者である場合の保護を図ることができる。また，そのことによって実務の運用上も合理的な処理をとることができること，このような解釈をとることが保証金のもつ制度目的にも沿うものであることを理由とした。

　没取の請求は，没取の決定である形成権の行使についての要件（保証金返還請求権の阻却要件でもあるが，阻却の有無は決定の結論にかかる）であり，そこに一定の時的限界があると解してもおかしくはなかろうと考えるが，今後さらに検討する。

第7章
再　保　釈

　本章では，再保釈の問題を取り上げる。再保釈という呼び方は，保釈中の被告人が別事件で逮捕勾留され，起訴後に保釈される場合，あるいは一旦保釈が取り消されたのちに，新たな保釈がなされる場合などにも用いられる。

　しかし，ここではもっぱら一審の実刑判決後の再保釈について検討し，さらに保釈決定があった場合の保釈保証金（従前の保証金）の流用手続についても触れることにする。

1　再保釈の基準

　禁錮刑以上の実刑の宣告があると，控訴手続がとられるか否かにかかわらず一律にかつ当然に従前の保釈の効力は失効する（法343条）。

　被告人としては，控訴審での裁判を受けるために再保釈請求をすることになるが，従前の保釈が権利保釈を原則としたのに対して，実刑判決後のそれは裁判所の裁量（法90条）となる。そこで，再保釈の基準が問題となるが，この基準について明文の規定はない。

1　制限説の問題点

　実刑判決言渡後の再保釈の基準をめぐって，再保釈は原則として許されるべきであるとする非制限説と，原則として許すべきでなく特段の事由がある場合に許されるとする制限説の対立がある。制限説が，圧倒的多数説であって，実務も原則としてこの見解で動いているとみてよい[1]。この点については，第6章2において簡単に触れたが，再保釈の基準を考えるうえで大切な視点となるので重ねてみておく。

　制限説は，無罪の推定が覆ること，さらに実刑判決後の勾留は刑の執行確保にその主たる目的が移ること，実刑判決の宣告によって逃亡のおそれが増大す

ることなどを理由として，法343条の保釈の当然失効，勾留更新の制限および権利保釈の不適用の規定を合理的な制約であると解するところにある。確かに条文上の構成はそのとおりであり，その主張に一理はある。しかし，はたしてそのように割り切ることができるであろうか。

まず，一審で禁錮刑以上の刑に処する判決の宣告を受けた者には，無罪推定がなく，有罪が推定されるという点である。このような見解をとる判例はある（最判昭25.5.4刑集4-5-756，大阪地決平1.5.7判時1333-158）。しかし，無罪推定の原則は，本来，有罪判決が確定するまでその適用が働くものであって，有罪判決の言渡しによって直ちに消滅するというものではない[2]。また，自由人権規約93条3項「裁判に付される者を抑留することが原則であってはならない」や，国連被拘禁者処遇最低基準規則84条2項「有罪が確定されない被拘禁者は，無罪と推定され，かつそれにふさわしく処遇されなければならない」とされる国際基準に違反するという疑いは免れない（ただし，前掲大阪地決平1.5.17は，法が裁量保釈の余地を残し権利保釈を認めなかったことには合理的理由があり，自由人権規約93条3項に違反しないと判旨した）。

次に，有罪判決の確定がないにもかかわらず，確定後の刑の執行を保全する目的をもった勾留が許されるかである。この問題は，勾留の目的に将来の刑の執行確保を含めてよいかという議論にかかわる。多数説はこれを肯定するが，勾留の目的に刑の執行の確保を含めることは許されないし，実刑判決の宣告によって判決の確定がないにもかかわらず当然に身体の自由を拘束することが原則であるとすると，それは刑の先取りをすることを意味するもので，極めて疑問であるとする反対説も強い。有罪判決の効果として刑の先取りをするものだと断定することには，なお議論の余地があるが，事実上そのような機能を果たすことになることは否定できないであろう。

いずれにしても，この見解の対立は，無罪推定の原則をどのように把握するかの差異に還元されることになるといえよう。そうすると，残る問題は，実刑判決の宣告によって，逃亡のおそれが増加するという点であり，これが重要な基準となる。実刑判決の宣告によって，逃亡のおそれが増大するという公式の統計は明らかにされていないが，その蓋然性が一段と高まることは認められる。

そこで，私は，実刑判決の宣告によって，逃亡のおそれが従前より一段と高まるから，勾留の必要性が生じ，従前保釈の効力を一旦失わしめたうえで，改めて保釈の拒否について仕切り直しをさせるのだというのが法343条の根拠であると考える。そうすると，再保釈の基準は，逃亡のおそれの有無大小にかかることになり，特別な事情がない限り原則として保釈を許すべきである。逃亡のおそれの増加は，従前の保釈金の増額によってまかなえる。

さらに，第一審判決によって勾留の目的とされた証拠隠滅のおそれはなくなり，加えて被告人に対して裁判を受ける権利を実質的に保障するうえでも再保釈を認めてゆかねばならないのである（被告人は控訴審判決日に出頭する必要のないことや再保釈をゆるやかに認めると乱訴が生じるなどという制限説からの主張は，本末転倒の議論というべきである）。

2　実務運用の推移

実務の運用をみると，昭和40年という時代の資料であるが，最高裁判所事務総局編「令状関係法規の解釈運用について」〈下〉によると，当時の再保釈率は60％を越えており（昭和39年統計で64.1％），現場の裁判官には，審理や刑の執行に悪影響がない限り保釈を許すという考え方が強くあったことがうかがえる。

しかし，最近の統計をみると，例えば平成10年から平成12年の3年間の再保釈率の平均値は38.1％まで低下しており，この10年後の平成20年から平成22年の3年間の再保釈率はさらに低下し34.5％である。この原因を1つの理由で説明できないが（例えば，控訴審における審理の形骸化，被告人の保釈金負担能力の問題，国選弁護人の増加など），大きい要因として制限説に立った運用がもはや定着し，再保釈を狭くしていることは間違いないと思われる。

このような結果を招いたのは，弁護士あるいは弁護士会が，再保釈について強く問題を提起してこなかったことにも原因があり，理論的にも，実践としても再検討が迫られているといえよう。

ともあれ，弁護人が再保釈請求をする場合，非制限説をとるとしても，現実には制限説による保釈を許すべき「特段の理由」とは何かについて分析しておくことが避けられない。そこで，以下この点について検討をすすめる。

3　再保釈を許す「特段の理由」

「特段の理由」については，村上幸太郎が最もよく整理されている[3]。同見解も制限説に立ったうえで，再保釈の許否にかかる最大の判断基準は，逃亡のおそれの有無大小であるとする。そして，その判断の資料として次のようなものをあげている（項目のみ列挙するが，詳しくは村上論稿を参照されたい）。

（イ）主観的事情

　①住居の有無，②土地に対する定着度，③家族関係，④身分関係，⑤被告人の性格，⑥被告人の経歴，⑦事件に対する態度，⑧保釈請求の目的

（ロ）その他の事情として（客観的事情）

　①宣告刑の内容，②控訴結果の見込み，③罪質，犯情

この点について，実務上の再保釈請求の理由として項を変えて若干コメントする。

4　実務における再保釈請求の理由

再保釈は，原則として上訴裁判所がその処分を行うが，控訴の提起期間内でまだ控訴の提起がない場合，控訴の提起があっても，訴訟記録が控訴審に到達していない事件についての勾留（更新，取消し），保釈，勾留の執行停止，これらの取消しおよび勾留理由の開示は，原裁判所が行うことになる（法97条，刑訴規93条1項ないし3項）。

そこで，禁固刑以上の実刑判決が予想できる事件を担当する弁護人は，判決言渡しの日までに，方針を固め，再保釈の申立書を準備して，判決の言渡しの法廷にのぞみ，実刑判決を受けた場合には，直ちに原裁判所に対して当該申立書を提出し，その日のうちに決定をとるという弁護活動が望まれ，通常とられている手法と思われる。

控訴審での保釈は，それまでに相当期間の勾留がなされること，さらに控訴審が第一審重視の思考をとることから，許可が一段と困難になるから，まずは，原裁判所で再保釈をとることに，全力を傾けるべきである。原審の裁判官は，審理を通して直接に被告人に接しており，控訴審の裁判官より概して理解を求めやすいといえる。

そのこととの関係で，村上が，再保釈の判断資料として，被告人の性格（前

記イ—⑥），事件に対する態度（同イ—⑦）をあげることについて，違和感があるようにみえるが，裁量保釈としての許否という建前がとられている以上，それらの事情が，直接・間接に影響を与えることを留意しておくべきである。

　少し横道にそれるが，弁護人は一審段階から控訴審における審理も視野に入れて，誠実かつ情熱をもった弁護活動をしなければならない（例えば，控訴審において手続違反を主張する権利を放棄したと判旨されるようなラフな訴訟行為をしてはならない）。一方，被告人も，自らの事件につき無実を主張する場合であっても，有罪を認める場合であっても，事件を通し裁判の過程で人間としての成長が少しでもみられるよう研鑽しなければならない[4]。このことを互いに果たしうるか否かは，再保釈の許否という問題にとどまらず，裁判の内外で生じるであろうさまざまな局面での困難やその後の苦悩を乗り越えるうえでの鍵になると思われる。

　さて，本道に戻すと，再保釈の最大の判断基準が，逃亡のおそれの大小にあることは明らかである。そこで，再保釈の請求にあたっては，第一に逃亡のおそれに関するもろもろのファクターについて，これを否定してゆく丁寧な理由付けが求められる。ただ，このことだけで一律に処理するということはできず，「事件」の個別性への対応も問われる。極めて，おおまかな分類であるが，①公訴事実の成否を争った事件（全面無罪あるいは一部無罪主張，あるいは教唆・幇助などを主張し，必要減軽を求める場合を含む），②公訴事実は争っていないが，執行猶予となるか否か限界上の事件，③法定上実刑判決が回避できない事件があろう（ただし，①②が併存するものも勿論ある）。

　そこで，①については，実刑判決になったが，上級審で破棄される可能性もあること，少なくとも再度の吟味を受けるべき理由，根拠のあることを詳細に主張するべきである（すでに争点は明確になっているから，あらかじめ準備は可能である）。その後の控訴理由としての訴訟手続の法令違反（法379条），事実誤認（法382条）につながる主張であって，上訴権の保障，とりわけ裁判を受けることの実質的保障（被告人自身が主体的に防御活動をする必要性）を担保することが強調されてよい。裁判所としても，このような場合，将来の刑の執行の確保ということを前面に出すことはできないし，宣告前の保釈に支障が生じる訳でもな

いので，再保釈をすべきことにならざるをえないであろう。

②についても，単に量刑のみが問題となるにとどまらず，処断刑を導く実体法令の適用，例えば自首（刑42条），中止未遂（同43条）などの任意減刑のあてはめが争点になっており，実刑判決によって，裁量権の逸脱が問われることもあって，この場合には，①の場合と同様の視点から控訴審で再吟味を受けるべき主張が展開されるべきである。

さらに，これらの要因がない事案であっても，量刑因子の個別的再吟味によって，執行猶予付判決に変更される可能性と在宅審理を必要とする事情を明らかにしてゆくべきことになる。

③の点については，控訴理由としての量刑不当（法381条）につながることになるが，控訴審の審理が開始されるまでにおおむね3～4カ月かかることになり，そのうえ仮に公訴棄却となると，その間の未決勾留日数の通算が困難となり，控訴をするか否かの判断が難しくなる。そのことによって控訴を断念するケースも多く，再保釈を厳しくすることによって，結果として上訴権を奪っているという現状は再認識されてよい。

逃亡のおそれが大きいとする事情があればともかく，逃亡のおそれがない，あるいは少ないものであるなら再保釈は許可されるべきであろう。さらに，③の場合，再保釈を請求する理由として，しばしば問題となるのが「身辺整理のため」「示談・弁償のため」という請求理由の当否である。

まず，「身辺整理」あるいは「家事整理」を理由とすることであるが，通常は第一審判決前に当然しておくべきことであるとして認められないといえる。しかし，前の保釈中になしえなかったことの事情やその後に事情変更が生じたことが明らかになれば相当程度に考慮される要素となろう。理由書において具体的な主張とそれを裏づける資料を準備するべきである。

次に「示談・弁償」という場合である。村上はこの点について，「一審判決後の示談は，本来適法な控訴理由とはされておらず，せいぜい職権による事実取調べが許されているにすぎないうえ，これを容易に認めるときは一審重視という法の建前に反する」とし，示談弁償の必要性を理由とする再保釈に厳しい意見を付記している。しかしながら，示談が成立する，あるいは示談成立に至

らなくとも弁償がなされることによって，被害が回復することになり，この事情は量刑判断に大きい影響を与えるし，実務上も一審判決後の情状として量刑判断に加味したうえ，原判決を破棄するケースも多い。

　また，被害者保護という視点に立っても硬直した意見といわねばならない（現に被害者には，第一審判決後に示談に応じるとする者も多い）。そして，示談，弁償のための金銭的手当やそれに伴う謝罪は，被告人が主体的にあたらなければならないし，そのことによって事件に対するさらなる反省と自らの再起の志が強まることになる。再保釈を許す理由として充分考慮されるべきである。ただ，刑の執行を引き延ばし，その間の再保釈を得ようという理由が，見えすいたようなものであってはならない。

　そのためには，一審段階で示談の成立に至らなくとも，そこに至るために誠意ある対応をとったこと，あるいは保釈中に得た収入から少しずつでも弁償にあててきたこと，今後も引き続き努力することなどについて丁寧な立証を原審でしておかねばならない。

　その他，①ないし③の場合にかかわらず，再保釈を求める共通した事情として，被告人あるいは家族の病気，幼い子の扶養の必要，被告人が収容されれば被告人の主宰する業が不能となり，家族や従業員などを窮地に陥れることになるなどの個別事情（これらの事情は，逃亡のおそれを否定する資料でもある）を明らかにしておくことになる。

2　保釈保証金とその流用

1　保釈保証金額

（1）　保証金額の基準　　保釈保証金額は，犯罪の性質および情状，証拠の証明力ならびに被告人の性格および資産を考慮して相当な金額を定める（法93条2項）になっているが，もとより考慮事項は本項に記載されたものに限られず，被告人の年齢，就労状態，住居の安定度，家族関係あるいは身柄引受人の有無，その者の立場などが考慮され個別的判断となる。一定の基準というものはない。

　通常第一審で保釈された人員の保釈金額については，公式の統計上に基づく

表1　第一審における保釈金額統計　　　　　　　　　　（％）

保釈保証金の額	昭和58年	昭和62年	平成5年	平成10年
50万円未満	2.6	0.6	0.3	0.2
50万円以上100万円未満	38.7	12.6	3.4	1.2
100万円以上	36.4	37.6	25.1	15.2
150万円以上	12.0	23.8	30.2	34.5
200万円以上	7.0	16.2	26.8	31.5
300万円以上	11.9	4.9	8.3	9.4
400万円以上	0.3	1.2	1.7	2.2
500万円以上	0.7	2.0	3.0	3.9
1000万円以上	0.2	0.8	0.8	1.5
3000万円以上	0.1	0.1	0.1	0.2
5000万円以上	0.0	0.1	0.1	0.1
1億円以上	0.0	0.0	0.0	0.1

　注：昭和58年度の総数（母数）は15,103件，昭和62年度は9,976件，平成5年度は8,585件，平成10年度は7,122件である。

分布例は表1のとおりである[5]（資料は曹時による。なお平成11年以降は発表されなくなった）。

　この統計をみると，総体として保釈金の高騰化が続いてきたことが顕著である。残念ながら，平成11年度以降のデータは集約されていないので，その10年後である平成20年に大阪弁護士会刑事弁護委員会が機関紙で紹介した「近時の保釈事例」（対象は，平成18年6月分から平成19年6月分までの決定例である）のうち，通常第一審のもの36件と，この間の同じく大阪地裁における前記以外の通常事件の資料4件を加えた総数40件[6]，これは全国総数の約5％相当にすぎないので統計上の価値が低いが，参考までに提示すると表2のようになっている。以下，40件中の実件数を示す（3000万円以上の資料はない）。

　このデータの限りではあるが平成10年から同20年までの10年間をみると，さしたる物価変動はない。むしろ，平成9年6月の経済不況突入以降，資産価格

表2　近時の保釈事例　　　　　　　　　　（件数）

50万円以上 100万円未満	100万円以上	150万円以上	200万円以上	300万円以上	400万円以上	500万円以上	1000万円以上
1	2	11	6	5	2	7	6

出所：「大阪における当番弁護士活動」大阪弁護士会刑事弁護委員会（2008年）91頁他より作成。

の一段の下落，設備投資，個人消費の減少，企業の過剰債務問題などを要因として，経済不況が慢性化し，例えば失業率も次第に増加し歯止めがきかない情況の中で，保釈金の金額は高止まりをし，さらに多くの事案において高額な保釈金（ちなみに500万円以上の割合は17.5％，1000万円以上は15％である）が，許可条件となっていることがわかる。保釈をめぐる理念なき実務運用がなされているといって過言ではない。この点については第3部において検討する。

（2）　再保釈の場合の基準　　ところで，通常第一審の保釈保証金に関するデータは，前記のとおりであり，ある程度の資料はある。しかし，再保釈（第一審実刑判決後の保釈）の場合の保釈金に関する公式のデータはなく，また個人的に入手も難しい。ただ，実務慣行からすると再保釈の保釈金額は第一審保釈金額の50％増をめどにして判断されていると思われる。

もとより，再保釈の場合の保証金額と前の保釈金額が同額でよいとされた事例もあり，それより多い場合でも50％増しまで（例えば150万円に対して200万円，200万円に対して300万円，300万円に対して400万円という例がある）にとどまる事例が多いと思われる。

今後，弁護士会が保釈保証金額についてデータを集積してほしい。その際には，第一審での保証金額とそれに対応する再保釈の保証金額についても含めてデータ化されることが望まれる。

2　保釈保証金の流用

被告人が保釈の取消しまたは効力を失ったのち，再保釈が許された場合の保釈保証金の取扱い（前の保証金の流用）について，「被告人が収容される前」については，刑訴規91条2項の規定があり「被告人が収容された後」については，裁判所の許可によって前の保証金の流用が認められる。以下，簡単にみておく。

(1) 被告人収容前の取扱い　保釈が取り消されまたは失効した場合において，被告人が収容される前に，新たに保釈の許可決定があったときには，前に納付された保証金が新たな保証金の全部または一部として納付されたものとみなされる（刑訴規91条2項）。

「みなされる」というのは，前に納付された保証金について，再保釈の保証金として納付された保証金と同一の効力を認めるという意味である。これが「保釈保証金の流用」といわれているものである。

建前としては，再保釈許可の決定がなされると保証金を納付し，その後に前の保証金が還付されるという2つの手続がとられるべきであるが，被告人が未収容のため前の保証金の返還請求権が発生しておらず，これを新たな保証金に利用することで，被告人側にとっても余分な保証金の調達をしなくてよいし，裁判所の手続としても簡便であることから実務上の慣行であったものが規則として成文化されたとされている。

なお，再保釈の保証金額が前の保釈保証金額より多い場合にはその増加分を納付することになるが，納付者が受け取ることになる保管金受領書には差額納付金につき新しい保管金管理番号が付され，その欄外に再保釈であることを示す「再」という表示と前の保釈の保証金提出書進行番号である保管金管理番号が朱書され関連性が明らかにされている。さらに再保釈許可金額が明記され，そのうちの一部と注意書きがなされている。前の保管金受領書はそのままで何ら変わらない[8]。

前記の保釈保証金の流用手続について2～3留意しておかねばならないことがある。1つは，刑訴規91条2項によって流用が許されるのは，保証金および保証金に代えて納付を許された有価証券であるが，有価証券についても再保釈で，法94条3項により，保証金に代えて有価証券を提出することが許されていなければならないことである。もう1つ，しばしば，実務で問題となるのが，例えば第一審で保釈請求をし保釈金を納付した弁護人が途中で事件を辞任したり，判決言渡し後控訴審を担当する意思がないとすることから，新たな弁護人が再保釈請求をする場合である。

すなわち再保釈請求者と前の保釈請求者（前の保証金の納付者）が異なること

になるから，前の保釈金の納付者から現に裁判所が保管中の前の保証金を，新たな保証金として流用することについて異議がない，あるいは同意することを明らかにしておかねばならない。

　このことは再保釈請求書の中で明記することになるが，通常は前の保証金の納付者からあらかじめ同意書を取り付けておくべきである。前の弁護人が協力をすることは当然というべきで，これを拒否することは，法曹倫理上問題となろう（私は拒否例を経験したこともないし，そのような事実を聞いたこともない）。

　(2)　被告人収容後の取扱い　　次に，被告人収容後の保証金流用である。保釈が取り消され，または保釈が失効したため被告人が一旦収容された後，保証金の還付前に再保釈の許可決定があっても，刑訴規91条2項の適用はない。被告人の収容によってその後の再保釈の決定，決定による保証金納付の有無に関係なく前の保証金の納付者は還付請求権をもつからである。

　しかし，再保釈を許され，保証金を納付する者は，収容前と同様に前の保証金が流用できることで新たに保証金を調達する必要がなく，再保釈の実現が容易となる。一方裁判所としても還付手続を省略することができるので便宜である。

　そこで，収容後の場合でも，前の保証金納付者が再保釈の保証金として流用することに異議がないあるいは同意すれば，刑訴規91条2項に準じてよいとする実務上の取扱いがなされている。

　ただ，刑訴規91条2項のような当然流用を認めることができないので，保証金流用について裁判所の許可が必要である。裁判所としては流用同意の有無に付き事実確認をしたうえで，裁判書（決定）の中で前に納付した保証金を充てることを許す旨を明記することになる。

---

1)　制限説に立つ文献として，村上幸太郎「実刑判決言渡後の再保釈の基準」（実務ノートⅢ223頁），早瀬正剛「再保釈の基準」（判タ296号354頁），木谷明「実刑判決言渡後の再保釈の基準」（増補令状基本（下）44頁），石井一正「刑事控訴審の理論と実務」（判例タイムズ社，63頁）などがある。
　　これに対して三井(2)は，「再保釈における裁量の基準は，上訴権保障の観点からは従前の場合と基本的に同じであると考えるべきであろう」としており，非制限説に立つと思われる。

2) 川出敏裕「無罪の原則」（法教268号31頁），村井敏邦「無罪推定原則の意義」（『光藤景皎先生古稀祝賀論文集』成文堂，2001年）。村井論文において最高裁昭25.5.4決定および大阪地裁平1.5.7決定について詳細な解説が批判的になされている。
3) 村上・前掲注1 ）。
4) V. E. フランクルは，人間の三つの価値として「創造」「経験」「態度」をあげる（『それでも人生にイエスと言う』山田邦男ほか訳，春秋社，1993年）。
　被告人は，多くの場合において刑事訴追を受けることによって不幸にも日常の社会から疎外されるが，そのこととどう向かい合って生きてゆくのか弁護人も被告人と共に苦悩し光明を見出さなければならない。その苦悩の中で互いに人間としての成長が得られるのではないか。それが「態度」というものであろう。
5) 同種の統計に関する分析として，三井(2)，松本芳希「裁判員裁判と保釈の運用について」（ジュリ1312号131頁）。
6) 36件については大阪弁護士会刑事弁護委員会『大阪における当番弁護士活動第15集——保釈実務の傾向と対策』（91頁以下）の資料による。4件については，同時期の大阪地裁における決定例である非現住建造物当放火（保釈金額350万円），同（500万円），道交法違反（150万円），迷惑防止条例違反（350万円）を加えた。なお，1億円以上の決定例もあったようだが，正確に確認できず，かつ特殊な事案であると思われたので資料としなかった。
7) ちなみに，平成10年の全国消費者物価指数を100とすると平成15年には97.1に下落し，平成20年でも98.5である。保釈金の増額化の一因を物価変動に求める主張は明らかに誤りである。
　保釈請求に対して，検察官が反対し，裁判官が保釈を許可することに強い抵抗をもち，その中での妥協として高額な保釈保証金を要求するという構図があると思われる。
8) 保釈金流用の詳しい手続については令状事務84頁以下を参照されたい。

第 3 部

保釈の課題と展望【座談会】

丹治（司会） それでは，第1部，第2部の論考を踏まえて保釈をめぐるいくつかの問題について，意見交換を行ってゆきたいと思います。

1 保釈制度の理念と刑事手続上の位置づけ

丹治 最初のテーマですが，身体拘束からの解放の1つの手段として，保釈は重要な制度であることは異論がないところですが，保釈の権利というのは，憲法が保障した被告人の利益であると確認できるのか否か。そのあたりの位置づけについてお話をいただきたいと思います。

　春日先生，立法史から見てどうでしょうか。

春日 そのわが国の立法からみてどうなのかという点ですけれども，少なくともGHQが，日本に対して戦後要求したのは，いわゆる人身の自由の制約からの解放ということで，それをいかに，徹するかということで，ラウエル覚書等が，政府に示されたということになってくると思います。それを受けて，政府は憲法の中身を検討したわけですが，憲法34条後段に見られるとおり，身体拘束を行うためには正当な理由がなければならないんだ，公開の法廷で，その理由を十分述べなければならないというような規定を取り入れることになったわけです。しかし，刑事訴訟法制定過程をみますと，なかなかそうしたラウエルの要求がそのまま認められたわけではなくてですね，第1次案から第9次案まで見ていきますと，第1次案，第2次案の段階までは，いわゆる起訴前保釈等も認められている状況が見られるわけですが，その後は身体拘束からの開放という視点で，議論されることよりむしろ，検察官の権限を拡大させ，いかに身体を拘束して取り調べ，自白をとるかということに議論が集中している。まあ，簡単な流れになりました。

　その結果，保釈関連規定は立法に盛り込まれなかったわけです。したがって，憲法34条の「正当な理由がなければ」拘禁されないという文理に，保釈の権利まで読み込むことは無理があるといわざるをえません。

丹治 そうすると，わが国の保釈は，刑訴法上認められた権利にとどまるということになるのでしょうか。

春日 基本的にはですね，罪証隠滅のおそれとか，逃亡のおそれが勾留要件になっている点については，旧法をそのまま引き継いでいる。つまり，旧法はそうなっているからそうなんだ，という形でね，そのあたりの基本的な議論をしてこなかったという，そういう認識をもちます。つまり，GHQが求めた人身の自由の保障，身体の制約からの解放ということの中身というか，それを保釈という，勾留という問題にあてはめたときに，根本的な議論がつくされず，むしろ，わが国の戦前の運用を受け継ぐ形で，例えば権利保釈の除外事由適用もいかにそれを広げるかという方向に流れてゆく，それが，1953年の刑訴法改正への動き，大きな動きへと繋がっていくことになりました。

丹治 ただ，マッカーサー草案35条では，「過大なる保釈金を要求すべからず」と規

定し，アメリカ憲法修正8条と同じく保釈を「憲法上の権利」としていた。これを受けて，政府は日本案作成に入ったが，手続法で保釈制度の詳細な規定を定めたほうが適切だろうということで，憲法上からは過大保釈金禁止規定が削除されたようですね。

しかし，これまでの恩恵的な裁量保釈から，権利保釈への導入は，保釈が当然の権利であるとされたもので，憲法上の要請を受けたものだと解すべきでないでしょうか。

春日 そうですね。GHQが，その刑訴法制定過程に対しても，強く，権利保釈の徹底と，導入を求めたわけですね。そして，司法当局は，それをやむを得ないと考えて，権利保釈を導入したということが，はっきりしている。

保釈は，憲法上の権利ではないとして排除されたものでなく，憲法上の利益であることは認識されたうえでの立法であったといえます。

丸田 アメリカの場合をお話しするとヒントになると思うんですけれど，保釈は要するに，イギリスの制度そのものを受け継いでいるわけですね。だけれどもアメリカ化されていくということです。つまり，アメリカの保釈制度はより近代化していくわけです。イギリスではどうかというと，昔は，未決囚は，いわゆる監獄に勾留されていて，今で言う拘置所がなかったわけです。さらに，刑罰は，本当に，生命や肉体に対する刑罰とか，罰金とか，そういうものだけだったわけですよね。だから，裁判するために身柄を拘束しないといけないという場合には，基本的に，よく映画なんかで見られるようなお城の中の塔の先に閉じ込めなどして，それを裁判期日まで逃走しないように勾留しておくということになるんですけれど，それぞれ城主なり，土地の支配者層がそういう施設をいつも持っているわけじゃない。

だから，結局，被疑者を裁判にかけるためにこの保護をしておくことを領主が依頼されるわけです。被疑者のほうは，ちゃんと食事が与えられて，まるで客人のようにそこにいるわけですね。ところが，犯罪が多くなってきて，何人もそのような形で面倒みきれなくなってくると，地方の有力者なり面識のある人に交渉してその者が面倒見るということで，連れて帰ることになります。裁判の期日には出頭させるという約束で連れ帰りますからだんだんとこれが基本的になる。しかし，逃走したらその者が連れ戻すなり，罰金を払ってその約束を保証するというところに意味があるわけです。そのような歴史があったのです。イギリスの話ですよ。

しかし，コモン・ローの伝統として，そのような慣習なりがアメリカに伝えられてきたときは，被疑者の世話をする証としで保証書を差し出す，あるいはお保証金を差し出すという形に変わってきた。だから，すでに合衆国憲法の中で，過大な保釈保証金は禁じられると規定されている部分があり，すでに保釈イコール保証金の問題である，という観念がアメリカが始まったときからあるのです。ですので，理念としては，保釈ありきなんです。勾留ありきじゃないんです。だから保釈が前提であり，どうい

う理由が特にあるから勾留するのだという問題に最初からその出発点があるのです。

　それは，過大な保釈保証金を禁じた憲法修正8条だけでなく，憲法修正5条が，適正手続によらない自由の剥奪を禁止していることから，保釈の権利を否定するのには適正手続によらなければならない。したがって，保証金が支払えないから勾留するのは憲法違反ではないかという議論にもいきつくわけです。それに加えて，憲法修正6条の迅速な裁判の保障という要請もあります。

　このような憲法上の縛りがありますから，どうしても保釈が先で，それから特に理由をつけて勾留を認めるという話になってくるのです。だから，アメリカ現代法になってくると，特定の犯罪類型を除くすべての犯罪で，結局は，権利保釈が可能ということになってきます。この点，日本とは全然発想が違う。アメリカでは保釈ありきが前提だから，結局あとは保証金の金額の問題，保証金以外に保証をどのように認めるかという問題が中心になってくるのです。その点についてはやはり憲法上の縛りがきついと思います。保釈に対しては，発想がもう根本的に日本とは違うんですよね。

春日　保釈が原則だってことですね。

丸田　はい，そうですね。そこは，ちょっとやっぱり，アメリカの実情は日本のそれとはすごく好対照だなという印象は持ちますね。

丹治　ドイツはどうですか。

斎藤　ドイツにおける保釈を規律する原理として挙げられるのは，比例原則です。問題は，比例原則はその憲法上の原則といえるかどうかです。この点については日本でも争いがあります。

　ただ，保釈を規律する原理は比例原則であると確認しているのはドイツの連邦憲法裁判所であることからすると，やはりドイツでは憲法上の原則として位置づけられていると考えることは十分できるのだろうと思います。日本でもすでに議論されているところですが，身体拘束の場面における比例原則は，いわゆる勾留の目的，被告人の出頭確保や罪証隠滅の防止，そういった手続の確保が他の侵害的でない手段では達成できないという場合には，やむを得ず身体拘束するという内容で機能します。それ故，ドイツでは，勾留のことを特別犠牲とか最終手段としての未決拘禁とも表現されます。ドイツの刑訴法上の明文上の根拠として，5カ月以下の自由刑に対しては未決勾留できない，という形でも比例原則が働いています。

　そして，勾留するかどうかの判断だけでなく，勾留した後も，常に比例原則の適用があるというのがドイツの判例・通説です。ですので，常に身体拘束していることが比例原則を満たしているかどうかが検討されなければならないとされているわけです。先程も丸田先生がおっしゃったように，迅速な裁判との関係でも，身体拘束が長期化すればするほど，やはり被疑者・被告人に大きな特別な犠牲を強いているわけですので，それのために必要な根拠もより強いものが必要となってくる。これが最近のドイツにおける判例・通説の考え方です。

もう１点，勾留を規律する原則として挙げられるのが無罪推定原則です。日本では九州大学の豊崎准教授などが，無罪推定の原則から身体不拘束の原則を導かれており，有力な見解となっているといえます（豊崎七絵「『身体不拘束の原則』の意義」福井厚編『未決拘禁改革の課題と展望』〔日本評論社，2009年〕など）。比例原則の内容とも一定程度は重複すると思います。ただ，無罪を推定される者について，身体拘束は基本的にできないのだ，という考えを強調するかどうかで相違はあるかもしれません。ドイツでも，保釈は，無罪推定という憲法上の原理原則に支えられているとする見解は少なくないように思います。

２　起訴前保釈について

丹治　ところで，アメリカ，ドイツでは当然，起訴前保釈がベースですよね。原則が起訴前保釈なんですよね。
丸田　はい。
丹治　わが国でも起訴前保釈の問題は立法上の段階でもテーマになったのですね。
春日　当然そうですね。もちろん，いわゆる日本でいう，アメリカ，英語を日本語に訳した時に，被疑者の時かっていうね，そういう問題があって，その後その，そうした起訴されたか，されていないかに関係なく，少なくとも拘束された者については，そうしたすみやかな身体拘束からの解放ということをしなければならない，という英米法的な発想がGHQあるいはラウエル・レポート，覚書等で，より徹底されていく

ということが求められたわけですから，当然，GHQは戦後の日本に改革について，起訴前保釈を予定していたというのが，多くの，多くの研究者の見解ですよね。
丹治　それはなぜ導入されなかったのですか。
丸田　あのね，私それについては，すごく意図的なものを感じるんですよ。なぜかというと，憲法の中に国選弁護人の規定があって，それは原文は，right of the accused，このaccusedってのは，アメリカではね，要するに，もちろん起訴された人も入るけれど，基本的にはaccusedつまり，被疑者なんですよ。
丹治　告発された人っていう。
丸田　そうです，被疑者。他方，公判に出てくる刑事被告人はdefendantでaccusedと呼ばないわけですよね。これは，明確です。おそらく春日先生がおっしゃっているそこの部分を，the accusedが保釈権を持っているというふうに書いてあったのではないかなと思います。
春日　英米法では，chargeされたら当然ですよね。
丸田　そこのところを立法者がうまく翻訳，つまり意図的にそういう翻訳をしたのではないでしょうか。いまやっと日本では被疑者段階の国選弁護人制度が導入されましたが，それまでずっと国選弁護人は起訴されてから付されるという前提がありましたよね。だから起訴前保釈が意図的に選択されなかったんじゃないですか。
春日　なぜ，GHQがそれほど日本に対して人身の自由の制約からのすみやかな解放

を求めたか，ということなんですね。当然アメリカは，戦前の日本の実務の在り方を分かっていて，つまり逮捕された段階から被疑者が拘束されて取調べを受けていたという状況を分かっていて，憲法34条はそういうことを意識した条文であった。そういうふうに解釈できる。で，少なくとも1946年8月の段階までは，臨時法制審査会（刑事訴訟法改制要綱）でも，被疑者の保釈請求権っていうのは提案されていたわけですね。それが，他方で進んでいたいわゆる司法省刑事局の刑訴法関係の会議の中で，それは認められてこなかった。いわゆる政府としても，刑訴法制定という二段構えで進めていて，一方では，被疑者の保釈請求権を認めようとする側と，一方では，いや，それを認めないとする両方があったと思うんですね。最終的にはやはりそうした被疑者の保釈請求権等は認めない代わりに権利保釈は導入せざるを得ない状況，そういう政治的な状況があったというふうに思うんですけど。

丹治 起訴前保釈はやっぱり採用されるべきが当然なんでしょうね。

丸田 それはそうですよね。

斎藤 現在では，多くの学説は，起訴前保釈は採用すべきという立場をとっていると思います。

丸田 それは当然だと思います。

丹治 ただ，起訴前保釈との関係で，起訴前保釈を立法上認めますといったときに整備しなきゃいけない問題が出てくると思うんです。

　例えば，具体的に立法化に至ると，起訴前保釈は導入するが，その後の取調べとの関係をどうするかという議論が対として出てこないだろうか。

　勾留中の被疑者に取調べのための出頭滞留義務があるという現行の実務を前提として，保釈を許可してもその義務は残るので，取調べに応じることを保釈条件としてこれに応じないと保釈を取り消すという構図です。斎藤先生，この点いかがでしょうか。

斎藤 妥当なものとは思われません。まず，取調受忍義務肯定説を前提とした法改正は許されるべきではないと思いますし，そのような批判は多く出ると思います。

　次に，そのような提案は，保釈がなされた場合にも「勾留の効力」は観念的に継続するという通説の理解を前提としていると思われます。しかし，保釈において継続している「勾留の効力」と実際に勾留されている場合における「勾留の効力」とは異なると解すべきです。保釈や勾留の執行停止の取消しなどの場合の収容手続を定めた法98条1項が，収容の際に勾留状謄本を提示すべきとしていることからすれば，法は保釈されている者を「勾留の効力」で当然に収容できるとは考えていないと考えられるからです。

丸田 やっぱり，保釈の可否で問題となるのは，証人に対する威迫っていうことですね。

丹治 そうですね。

丸田 そこがね，アメリカはまた，要するに弁護権の問題である。だから，刑事弁護人の防御権を十分に機能させるために被疑者または被告人の身柄を解放しなきゃいけ

ないんだというふうに考えます。他方で，逃亡や，証人威迫，証拠隠滅については，連邦でも州でも，重罰をもって臨んでいますので，さらに嫌疑を受けている犯罪に加えて証人威迫とか証拠隠滅があるとそれが訴因として追起訴され，重い罰をうけるようにしているわけです。

丹治 また逮捕されるわけですね。

丸田 そう，また逮捕される。

丹治 それで保釈するんですか。

丸田 保釈されることもあります。一番恐れられているのは被疑者または被告人の逃亡です。だからそれをさせないと約束する保証人が出てきたら保釈を認めるんですよ。今後ちゃんと呼び出しに応じ，期日に出廷しますから，裁判所は安心してくださいと法廷で約束したら保釈が容認されるんですよ。あとはもう防御権の問題だから，自由に行動して良いと。

丹治 保釈の条件として，検察官との間で，その後の取調べの必要があれば協力しますというような取引はないのでしょうか。

丸田 司法取引は，自らの犯罪容疑の取扱いについて検察官と取引しますので，検察との取引で保釈が認められるということは制度的にも実務的にもないと思います。ですので，検察官が保釈中の被疑者や被告人の取調べを求めるのは，別な事件の立件に協力するということで自らの犯罪に対してだけではありません。黙秘権の問題がありますからね。

丹治 いやいやいや，起訴前にされますね。検察官はまだ証拠調べをしますよね。その際に調べたいということがあれば協力するか，ということです。

丸田 はい。取調べは弁護人立会いで行いますから，そのような協力はもちろん弁護人を通じて行いますよね。通常それを拒否することはないと思います。

あと，保釈に関してよく言われるのは，法廷侮辱罪です。裁判官が保釈を認めるときに，こうしてはいけない，ああしてはいけないという裁判所の命令に反した，例えばストーカー事件の被疑者に，その被害者に接触はもちろん，半径300m以内に近づいてはいけないとかの命令に反したときは，保釈が取り消されたり，法廷侮辱罪で拘禁されたりします。これは下手すると，弁護人だって処分されたりするわけだから，裁判官の前で約束するというのはそういう意味の責任を伴います。だから私は，日本の場合に，否認の場合に罪証隠滅のおそれがあるから起訴前保釈はできないという前提は，いつ，どこから，いったい誰が生み出した考え方なのか，とても気になるんです。これはドイツなんかをモデルにしているのか，要するに弁護権，防御権の発想が全く欠落してる思考ですね。ですので，そこは，なぜ，どこからそういう発想になったのかな，というのがすごく興味のあるところではありますよね。

春日 あの，旧法の運用で，旧法を条文的に見ていけば，罪証隠滅のおそれがまさに勾留の要件になってるわけですよね。で，旧法はドイツ法を輸入してるわけですから，日本がそうしたドイツ法をどのように転用していたかは定かではないですけれども，少なくとも日本では，戦前からそうい

う形で罪証隠滅が勾留の要件だったわけですよね。ですから，いわゆる先生のおっしゃるような防御の主体として被疑者・被告人を位置づけたということは，少なくともプロセイン段階ではないということですね。

丹治 ドイツで取調受忍義務という概念がありますか。

斎藤 勾留との関係では，おそらくそういう言葉すらないと思います。

丹治 日本で言う取調受忍義務も色々解釈があるけれども，出頭滞留を義務付けられる。

斎藤 ドイツは一応取調べのために被疑者を強制的に検察官の下に引致する手続があります。勾引制度です。この場合，勾引後，24時間以内に被疑者を釈放しなければなりません。また，被疑者は基本的には勾引自体には応じなければならない。ただ，その勾引を受けて取調べを始めたときに，自分は何も喋りたくないとか，黙秘すると告げられたらそれで取調べを終了しなければなりません。ただ，日本では，その取調受忍義務の関係もありますし，取調べのための出頭手続がないので，その関係をその起訴前保釈で入れるときにはどう考えるということと，あと起訴前の身体拘束期間の性格や趣旨をどう考えるかですね。

　私は起訴前保釈を導入しなかった理由の1つは，起訴前の身体拘束期間が限定されたというか，それは捜査期間と結びついている身体拘束期間という趣旨ですが，それが短縮されたという認識が相当に強かったのではなかったか。そう考えています。

丹治 20日間に短縮された。

斎藤 20日間や，23日間という期間が非常に短いという意識が強いのではないか。アメリカとイギリスのchargeまでの期間に比べて，非常に長いといえるのですが，戦前の刑訴法に比べて，捜査機関による捜査の期間という観点からは短縮されたという意識が強いのではないか。そして，先ほどの議論との関係では，捜査手続は捜査機関が主宰する手続であり，またその取調べも捜査機関が主体になって行うのだと。起訴前保釈は，その邪魔・妨害をするものであるという意識が強いのではないでしょうか。

丹治 でしょうね。僕もそう思うよ。

春日 斎藤さんがおっしゃったように20日間に限定されたっていうのは，僕の認識に間違いがなければ，少なくとも，旧法ではね，起訴前勾留は原則10日間だったわけですよね。旧法ではそういう形になっていたんだけれども，いわゆる治安維持法であるとか，国防保安法というレベルになってくると，非常に長いですね。起訴前，起訴後の勾留が認められることになる。それが，戦後になって20日という形で縛りをかけられる，という形なんですけれども，だから，旧法では，少なくとも10日間という原則があったんですよね。

丹治 だから起訴前保釈を認めないということに結びついているんじゃないか，というのが斎藤さんの言い分。それは違うことになる。

斎藤 23日間で公訴提起するために十分な取調べをしなければならないというのは，ある意味で捜査機関へのプレッシャーになっているのではないかと思うのです。戦

前はそういうプレッシャーはおそらくなかった，あるいは非常に弱かったのではないでしょうか。

丹治 だから，基本的に勾留は，取調べのためだとの前提があるから，20日間で調べを尽さないかんという前提になっちゃうと，起訴前保釈はできないということになったんではないのか。そうすると，起訴前保釈を導入するにあたって，現行法の運用解釈の関係で，起訴前保釈を無条件に認めますということになるのか否かは，議論しておかねばならない。取調受忍義務があるっていう説に従ってくるととてもじゃないけど，起訴前保釈なんて許しませんよ，ってことになってくるでしょうからね。

斎藤 そう思います。

この点については，やはり弁護権や防御権の保障という観点からの発想がかなり弱いと思います。日本の特徴と言えるかと思います。

丹治 立法過程でも防御権という視点からあまり議論がされていない。

丸田 それは，当時の学者がそういう視点を持っていなかったということですか。

春日 いや，団藤先生のご意見などを読んでいますと，そうでもないですよ。1953年の刑訴法改正のときも揺り戻しに対して団藤先生が相当反対します。

丸田 なるほどね。

丹治 何を揺り戻したわけですか。

春日 ですから，いかに除外事由を広げようかとする。例えば89条1号の解釈で，53年改正案は，それまでの死刑または無期もしくは長期3年以上の懲役・禁錮に限定されていた除外事由を短期1年以上の懲役・禁錮という形で広げようとしていくわけですね。そういうときにかなり批判的な意見を繰り返したのは団藤先生ですよね。それだけではないんですけれどもね。

3　権利保釈とその除外事由

丹治 それでは，権利保釈の除外事由，とりわけ法89条4号の問題に移ります。ドイツは，アメリカと異なって保釈の除外事由として「罪証隠滅」があるようですが，保釈許可のありようと関わってどうなっていますか。

斎藤 ドイツでは，先ほど言われたように，勾留理由としても，保釈除外事由としても罪証隠滅要件が存在します。ただ，第1部の論考でも触れているところですが，統計上をみると，罪証隠滅を理由とする勾留が占める割合はわずか数％です。その理由としては，捜査の初期の段階では，罪証隠滅要件を具体的に認定できないからということが挙げられています。罪証隠滅の対象である証拠が認識されていないからです。さらに，日本との関係で重要と思うのは，日本では取調べに応じないとか，黙秘が罪証隠滅の一要因として考慮されていますが，ドイツでは，上述したように取調受忍義務はなく，保釈の際にそのことは考慮されていないことです。

丹治 そのことすら，観念されていない。

斎藤 はい。そもそも取調べの結果，作成された調書が証拠能力を有することは基本的にありません。

丹治　いわゆる直接主義ですね。

斎藤　はい。その関係で印象的なのは、ドイツへ調査に行って私達の問題意識を伝え、身体拘束中の取調べがどのようになっているのか聞いても、なかなか相手に伝わらないということです。ドイツでは、取調べへの対応によって身体拘束をするという発想はないといえると思います。そのこともあって、罪証隠滅を理由とする勾留があまりなされていないのだと思います。

丹治　それでも、「罪証隠滅」のおそれをもって保釈に制限を加えることはあるのですか。

斎藤　それはあります。

丹治　その場合、どういう解釈をするわけですか。どういう場合に、証拠隠滅の相当性があるというのですか。

斎藤　例えば、証人威迫が挙げられると思います。

丹治　現実にそれが発生してないとダメってことですか。

斎藤　現実に証人威迫が発生したというところまでは必要ないでしょう。

丹治　発生する可能性があるということでよいのですか。

斎藤　具体的な根拠から示されているかが問題となります。

丹治　具体的な根拠が示されるというと。

斎藤　単なる推測では足りない。具体的な根拠がなければいけないということです。

丹治　立法改正をしない以上は、ドイツの運用が日本の解釈に役立つことになるでしょうか。例えば、日弁連では「司法権の行使を妨げる客観的な危険が具体的に証拠によって認められるとき」っていうふうに解釈をし直すべきだっていうふうに提案していますよね。川﨑先生は、「現実の明白な危険が生ずる場合」という、よく似た発想なんですが、そういう解釈に持ち込むのに役立つような話にならないかという質問です。

斎藤　ありうると思います。私もその見解に近い立場です。もっとも、司法運営や罪証隠滅などの要件も重要ですが、どのように、その要件を認定するかも重要だと思うのです。要は、何を根拠に要件の認定をするかだと思うのです。

丹治　何を根拠に認定するかね。

斎藤　そこは具体的な根拠が必要だと思います。そして、もう1つは、おそらく後の話とも関わるでしょうが、手続が重要でしょう。検察官が、こちらはこういう根拠をもっているのだということをあらかじめ相手に示しておいて、それでしっかり身体拘束の要否について論争する。その結果、身体拘束が必要だと認められるのだったら、それは仕方ないという手続であれば、認定内容も自然と具体的になるのではないかと考えています。そういう意味では、要件をどんなに具体的にしたところで、それを認定する根拠があいまいだと、現状は変わらないのではないでしょうか。

丹治　そうですね。要は、言葉の程度の差にしてはならないということが大切ですね。

斎藤　そのような観点から日本の現状をみますと、罪証隠滅要件があることが悪いのかというと、それだけではなくて、その認定が非常にあいまいで、しかもその認定内

容や根拠が弁護側にはほとんど示されない。ドイツ法やヨーロッパ人権裁判所の判例から見ると、そこも日本の問題点だと思います。

丹治 そうですよね、確かにおっしゃるとおり、説明の表現として、罪証隠滅の相当理由と言っても、それを具体的危険を言ってみても、それは言葉の程度の差だから、それをどう認定するかがポイントとなる。

斎藤 どういう手続で認定するかですよね。

丹治 それは大きいですね。

斎藤 はい。

丸田 日本の場合は、それだけの証明でいいんですか。検察官が「そのおそれがある」って言ったら、裁判所はそれでOKしてしまうのですか。

丹治 ですから、例えば否認すれば、「おそれ」があるという認定に走ることになる。

丸田 そこまでいってしまうんだ。

丹治 わが国では、否認したから保釈を付けられないんではなくて、否認することが罪証隠滅をすることに繋がる可能性があるから、こう言ってる。そうすると、結局は基本的に抽象的な罪証隠滅のおそれで判断してるっていうのが実務の現状であることは間違いないでしょうね。

春日 裁判所の保釈の許否がね、ブラックボックス化してるから、基本的に分からないことですよね。何に基づいて許可したか、許可しなかったのか、っていうことが。だから、認定の仕方自体が、現状でははっきりしていない。ただ、分かるのは否認事件であれば、保釈率がグッと下がるというのははっきりしているんで、少なくとも罪証隠滅と否認が関係しているということは、保釈のとき、ある程度はっきりしていますよね。

斎藤 それについては、実務家は否定しないでしょうね。

丹治 裁判官も否定していない。もう1つね、いまの春日先生の話から引き出すと、決定書というのは簡単なんですよ。保釈をします・しません、だけなんですよ。保釈却下の理由は罪証隠滅のおそれと書けばいい、所定の用紙に丸をつければいいだけなんですよね。最近大阪地裁なんかで、かなり詳しい理由を付した決定書が出てきていますが、具体的な罪証隠滅のおそれがあるならば、それはやはりきちんと、どういう意味で罪証隠滅をするんだってことをやっぱり示すべきです。その意味で保釈の「決定書」についても改善が求められていると思います。

丸田 今の議論で日本の実務にすごいズレを感じるんだけど、アメリカの場合、警察に逮捕されてから、治安判事（magistrate）の前に出頭し、被疑者が公判まで釈放されるかどうかを決定するイニシャル・アピアランス（initial appearance）までは、5時間から6時間くらいしかないんですよね。それにミランダ警告によって弁護人が来なければ原則として取調べ調書もとれません。その点、日本のように逮捕後ほとんどが20日間も勾留されたらアメリカではたちまち大きな問題になると思うんです。

アメリカでは、保釈が原則的に認められるわけでしょう。そうすると、裁判所が呼び出したとき来るように、必ず住所地にい

るんだよ，という約束で，取調べを続行するわけですよ。起訴するかどうかまではね。それに協力するという約束や条件で保釈されるわけです。起訴されて以降も，勾留中であれば保釈の可能性はありますし，その都度保釈申請はできる。アメリカでは，保釈申請は逮捕後すぐに始まるんだけど，日本のように保釈が許されず，勾留期間が20日も必要とする理由に罪証隠滅が問題になるという実務の事情があるにしても，ではなぜ，起訴決定後の保釈申請に対して，また被告人の罪証隠滅を議論して，保釈の許否を決めるということになるのか，すごくおかしな議論のような気がするんですけど。

斎藤　権利保釈の除外事由としての罪証隠滅自体に反対だという見解も多いです。

丹治　罪証隠滅という場合，どのような証拠を対象としているのかよく分からないことが多い。

斎藤　何を隠滅するかが，本当は認定されないといけないですけど，日本の実務は，対象者中心というか，この被疑者は，罪証隠滅する傾向がある，可能性があるということが重要視されているともいえるのではないでしょうか。

丹治　まあ正面からそうは言わないけどね。

斎藤　はい。ただ，取調べの態度に対する評価などは，そのような発想に立ってるのかなとも思うのです。

春日　重大事件だとか，常習性が除外事由になっているわけだから，そういうことですよね。

斎藤　もちろん，それも考慮されているのでしょう。やはり，どの証拠を隠滅し，どの証人を威迫するかという，客観的な対象によって認定されていないといけないと思います。

4　保釈決定手続——その対審化をめざして

丹治　そこで重要な問題的となるのは，保釈決定の審理手続に「当事者の立場の対等性を確保する」いわば対審化を図るということにあると思いますが，その点ドイツの場合はどうですか。

斎藤　はい。ドイツでは，勾留が執行された後に，勾留審査手続を勾留された者の請求や職権により行うことができます。そして，この勾留審査について，口頭による審査を請求すると，口頭審理が行われます。ただし，この口頭審理が対審構造をとるべきかどうかについては明文の規定はありません。従来の実務としては，勾留審査時を含めて，捜査段階において記録の閲覧を求めることができますが，一定の事件では，常に拒否されてきたという経緯がありました。それが変化したのが，1990年代以降で，ヨーロッパ人権裁判所の一連の判例が大きかったようです。

　ヨーロッパ人権裁判所は，保釈を含めた身体拘束の裁判について，まずは裁判所における手続でなければならないことを確認しました。ヨーロッパ人権条約5条4項を根拠に，身体拘束について判断するのは，裁判所の手続でなければならないと判断したのです。さらに，身体の拘束から解放を判断するかどうかの手続は，人身の自由という憲法上の権利に関する重要な手続なの

で，対審構造をとらなければならない，そして武器対等原則が適用されるとも判示しています。

　以上のことから，身体拘束に関する手続は，対審構造でなければならないし，武器対等との関係では，身体拘束の基礎となった証拠資料は全部開示しないといけない，それには一切例外はないというのが，ヨーロッパ人権裁判所の判断の到達点です。そして，ドイツもそれを踏まえて法改正されたところです。ただ，対審構造をとらなければならないとする明文規定は存在しませんが，それをかなり意識した改正になっているといえます。

丹治　規定そのものは置いてないんですね。

斎藤　対審構造そのものについてはないですね。ただ，裁判所における勾留審査手続については，先ほど述べたように口頭審理が実施されます。

丹治　アメリカはどうですか。

丸田　アメリカが，保釈は当然の権利だから，申請の理由が認められれば即決されるので，そのための特別な審理ってのはないわけです。つまり，イニシャル・アピアランスで，被疑者が，相当理由（probable cause）があって逮捕されたのか，逮捕の要件を法的に満たしているかどうかがまず点検されて，そのあと弁護人は，例えば，「この人は前科もないし，職業も持ち，住所地に家族もいるから」ということで保釈請求の申立ての理由を述べて，それに対し検察官が反対の理由等述べて治安判事は，被疑者の釈放を決定することになります。

　そういう意味では，保釈についても，公開法廷で，口頭のヒアリングだけで裁判官が認めるのが特徴的です。ですので日本のように弁護人の申請が書面で出たらそれに対し，弁護人不在のままで裁判官が検察官の意見を聴いたうえで，書面で判断するなどということはしません。

斎藤　うかがっていると，アメリカの手続はドイツの手続に比べ「軽い」（あっさり）という印象を受けますね。やはり「証拠隠滅」が除外事由でないというのが大きいのでしょうか。おそらく，身体拘束は例外だというのが，完全に定着しているからかもしれませんね。そう考えると，そのような原則・例外関係が定着していないのにもかかわらず，手続が「軽い」日本の制度はやはり問題と言うべきではないでしょうか。

丹治　私は，20年来，一貫して主張しているのですが，条文上「証拠隠滅のおそれ」を残す以上，対審構造に近い審理であるべきだと思っています。

斎藤　それは，法43条による取調べの運用としてですか。

丹治　ええ，法43条の事実取調べは，その対象が，身体拘束に関するものである以上，本来は憲法31条の適正手続の要請を受けたものであるべきです。

　もちろん「決定」ですから，公開の法廷でやらなくてもよい。しかし，裁判所（裁判官）の保釈許否の如何で，その後の被告人の身体拘束が長期化するわけですから，勾留手続とともに，あるいはそれ以上に重要な手続でしょう。

　やはり，被告人の防御の機会を十分保障しなければならない。

第 3 部　保釈の課題と展望【座談会】

そのために，裁判所が，検察官，弁護人（被告人も含めて）が，裁判所内において，十分論争できる場を設定して，そのうえで判断すべきで，それは運用として法的に可能なはずです。

丸田　日本の場合，起訴後に保釈申請をすると，一応，裁判官がヒアリングを行います。通常は，保釈申請に対し個別に面談で民事担当裁判官が，「なぜ保釈が必要なのか」と聞きます。そこで，「被告人には家庭があり，父の帰りを待っている 7 歳の娘がおり，定職もあり，起訴事実をすべて認めているのだから逃亡もしないし，罪証隠滅もしないから認めてほしい」などと懇願します。そうすると「あなたは，保釈しろ，保釈しろと言うけれど，この人はこんな手段を弄して店員を騙し商品を窃取してるのよ」などと，弁護人が知らないような細かい事実を指摘して，保釈は認められないようなことを言います。それで，保釈申請は却下されるのかと思ったら，「じゃあ250万円ね」と結局認めるわけです。こっちが説教されているみたいなヒアリングだけれど，あれは，全くもって対審構造に近い審理ではないですよね。

丹治　事実上の慣例としてやってるんだと説明しますね。

丸田　慣例としてね。

丹治　ですから，ヒアリングを受けない裁判官もごくごく一部いるようです。誠にけしからんことですがね。

丸田　もう 1 つ日本の保釈手続のおかしさはね，要するに，弁護人に検察から裁判官に提供された保釈のための情報，証拠や資料を見せないことです。担当裁判官だけに見せても，こちらはチェックできない。

だから，「あなたね，被告人は相当悪いことしているのよ」みたいなこと言うけど，ぼくの知らない事実を，この保釈担当の裁判官は検察官の持つ証拠や情報から知ってしまっているんじゃないかということになると，非常におかしな話になりますよね。この辺のところも，ぼくはやっぱり日本の保釈は，いったん逮捕したら保釈しないことが前提だというところに根源があるのではないかと思います。検察だけでなく，裁判所もいったん逮捕した者は逃がさないということを前提的使命として持っているような気がするんですけどね。

だから，保証金が用意できるかどうかっていう問題よりも，この人のやったことはこうだから，公判前や公判中に拘置所に閉じ込めておくのがそのような人に対するペナルティとして当然である，みたいな発想を無意識に持っているんじゃないでしょうか。

春日　それはもちろんそうですね。この国にはそういう思想があると思いますよ。

丹治　情報の公開という問題ですね。保釈請求がなされると，裁判所は法92条に基づき，検察官に意見を求める。通常は，その際に一件記録が裁判所に提出される。あるいは裁判官の要請で資料の取り寄せをしているが，これも「事実上のもの」という扱いがなされて，弁護人には閲覧させない運用がなされています。

しかし丸田先生ご指摘のとおり，おかしな運用です。やはり，捜査資料の取り寄せ

179

は，法43条による正式な事実の調べだと理解すべきでしょう。それなら，裁判所に提出された資料として，弁護人は法40条によって閲覧，謄写が認められてよい，という理解も立つ。

　もっとも，保釈許否の迅速要請から少なくとも閲覧は認められるべきです。現に，私の経験でも，閲覧を許す裁判官も過去には多くいましたよ。それをしないというなら，保釈を許すべきです。

斎藤　日本の運用状況や制度的不備が，批判的に指摘されていますので，このような問題点を克服できればと思います。

5　法89条1号・2号・3号の除外事由

丹治　すみません，権利保釈の除外事由に関して，法89条1号・2号の検討をしておくべきでした。簡単にご意見をいただきます。

　立法経緯のなかで相当議論があったんじゃないですか。

春日　GHQは死刑相当事件以外は保釈せよという立場であったが，刑訴法制定過程で無期もしくは長期3年以上の懲役・禁錮も含めてということになり，さらに1953年に一段と拡大されたのが，現在の規定です。

斎藤　ドイツでも，事件の性質というか重大性は考慮の対象になると思います。しかし比例原則の観点から，法定刑として無期懲役があるというだけを理由にして勾留を維持する，あるいは保釈はしないということは，問題となるように思います。

丹治　比例原則は，そこにも射程は及ぶんですか。

斎藤　勾留という特別犠牲を強いるときに，この事件は無期懲役が予想されることのみを理由とする場合は比例原則に反するという見解はありえますし，ドイツ連邦憲法裁判所もそのような判示をしています。それ以外にも理由がある場合は別でしょうけども，それだけで勾留を継続するということは相当性を欠く，比例しないという結論を導くことになるでしょう。

丹治　アメリカはどうですか。

丸田　連邦事件の場合だと，終身刑または死刑である犯罪，特定の薬物犯で10年以上の刑の場合などは保釈に制限があります。

丹治　それはいわゆる除外事由ですか。

丸田　そうです。このような犯罪では，まず勾留を前提とする，ということです。しかし，これは，勾留が前提なので，それをうち破る証拠や理由があれば，もちろん保釈は認められるわけです。だから，一定の犯罪カテゴリーに属するから「保釈なし」というふうになっているのではなくて，裁判所は理由があれば積極的に勾留を認めることができるんです。要するに，長期刑が終身刑，または死刑犯罪が10年より長期の特定の薬物事犯，というのが勾留の原則となるだけで，それがあるから保釈は無理というような規定ではないんですよ。

春日　1953年に範囲が拡大されたという理由として，政府が説明したのは，いわゆる逃亡率の増加傾向にある。したがって，短期1年以上の刑までも含めて拡大するとしたのです。

丹治　それは，重罪を犯した者に，保釈を

許したら，逃亡率が極めて高かったというデータはあるの。
春日 逃亡率が単に増加しているから，今回は拡大するというもので，具体的なデータはないようです。
丸田 それはひどいね。根拠が稀薄だと思います。
春日 法89条3号の「常習として」というのも同じ議論ですねえ。「常習性」とは一体何かという問題より，除外事由を拡大させるという方向が強かったといえる。
丹治 構成要件が常習犯の場合であればまだ意味を持つけども，通常窃盗で起訴しても常習性が認定できればということになっている。しかし保釈判断のときにそんな事実認定はできませんよ。
春日 そういうことですね。
丸田 私が担当した事件も，まさにそのような事件でね。窃盗前科があるからっていうことで保釈はなかなか難しかったんですよ。
丹治 私たちとしては，法89条1号ないし3号は立法として改廃してゆくべきだという意見でまとめさせていただきます。

6　保釈条件としての保釈保証金等

丹治 次に保釈保証金等の問題について，少し検討しておきたいと思います。
　保釈保証金額については，どういう理由か分かりませんが，平成11年以降，公式の統計が出ていません。平成10年の統計上の分布については，第2部の第7章の2で挙げておきました。

　その後，平成23年度の資料として，大阪および神戸の刑事公設事務所である各パブリックにお願いしてデータを集約していただきました。
　末尾の**資料B**（保釈金額の調査）のとおりです。これを見ましても，わが国の保釈金はこの間の不動産価格の下落や消費者物価指数の下落にもかかわらず，高止まりをしたままです。
　この原因については種々の要因があると思われますが，1つには，法93条1項による運用に問題があるのではないかと考えます。私の考え方を先に申し上げますと，保釈保証金の提供の目的は逃走の防止ですから，被告人の持っている資力，経済的能力こそが判断基準として大きいウエイトを持つべきです。年収が300万円程度の一般的市民が，1年分の収入を超える保釈金を要求されたら現実には用意できませんよ。
　やはり，保釈率の低下に結びついてきます。この点はいかがでしょうか。
斎藤 ドイツでは，保釈保証金について，その内容を決める基準などに関する明文規定はありません。裁判官が自由裁量により決定するというのが基本的な発想です。実務に関する文献などを読むと，丹治先生がおっしゃったように，被疑者・被告人の財力が一番重要な要素として位置づけられているようです。そして，付随的に事件の重大性，逃亡の危険性などが考慮されているようです。
　例えば，経済的に恵まれない者の場合には，5000ユーロということも十分ありうる。他方で，大企業の社長など財力がある者に

ついては，1億ユーロということもあるというふうに書かれています。そういう意味では，やはり事件が重大だから，保釈保証金の額が増すという関係では必ずしもなくて，やはりその額が被疑者・被告人にとってどのような意味をもつのかが重要視されているようです。資力との関係で，保釈保証金が対象者にとって，どのような意味をもつかが考慮されている，ということでは先ほど丹治先生が指摘されたとおりです。

丹治 保釈保証金の納付は，ドイツでも当然逃亡防止のためなのですか。

斎藤 はい。それは日本と同じとらえ方だと思います。

丹治 だから，経済的負担の高い人，金持ちは没収されたって平気だから逃走するかもしれないが，低い人は保釈金を犠牲にはしない。

斎藤 そういうことなのでしょう。ですので，相当高い金額にしないといけない，ということになると思います。

丹治 アメリカの場合はどうでしょうか。

丸田 裁判官の裁量が原則です。ただし，保釈保証金額を決めるときに，裁判官が犯罪が重罪であるからとか，これは軽いからといって金額を決めてるんではなくて，弁護人は被疑者の収入を説明することが求められます。それに対して検察が，そうじゃないってことをいわない限り，その申立てが原則として認められますから，それに応じた保証金金額になってくるんですね。

　だからおっしゃるようにドイツと似てますが，アメリカは，さっき言ったように憲法修正8条によって過大な保釈金は憲法違反になりますので，「過大」をどうとらえるかが問題です。だから，金額じゃなく，その人にとって過大か否かが問題です。しかも，大体その保証金を積めば，保証書が出ますから，金額をパッと払わなくてもできるという部分があるんです。

丹治 ただ，アメリカの文献を読んでいますと州によっては各犯罪については，保釈金額を決定するための一覧表があって，例えば，強盗事件だと2000ドルというように額が示されているようです。

丸田 その通りです。各州に，かなり具体的で詳細なベイル・スケジュールという保釈保証金の具体的金額表があります。同じ州内でも，都市部と郊外では，住民の平均的年収金額等が異なっていますので，同じ州内の裁判所が個別にそれぞれの犯罪類型に応じた独自の金額ガイドラインを設定しています。治安判事は，そのガイドラインに従って保釈保証金を決めます。ですので，被疑者のほうも具体的犯罪に応じた保釈保証金の予測を立てることができます。しかし，このような保釈保証金のガイドラインは連邦裁判所ではありません。

春日 法89条の除外事由の関係で，いくら保証金を積んでもね，この人達は逃げるから，保釈させないんだ，っていう，そういう趣旨ですよね。89条の除外事由は。保証金がそういう形で，逃げないための担保だとするならば，89条1号ないし3号の除外事由は，この人達は，このケースの人達はいくら積んでも原則として，保釈をしないということが前提となってしまっているところがある。

第3部　保釈の課題と展望【座談会】

丹治　だから，裁量保釈に持ち込んでいって，という問題が出てくるわけで，そこで保釈金が高騰化してもやむをえないという問題があって，弁護人もあまり抵抗しない。

丸田　ただ，申し上げますけど，アメリカの場合は保釈金が高すぎて払えないから，結局仕方なく未決勾留されるという問題は大きな法的，社会問題になっているわけですよ。

丹治　そのようなケースも多いんですか。

丸田　結局，支払えない被疑者で拘置所がいっぱいになってきて，本当の刑務所の環境よりも劣悪なところで，狭いところに何人も勾留されるという実際の刑罰よりも劣悪な未決勾留のあり方が問題となっています。それを克服するための改革が進んでいて，保証金がなくとも人的保証書だけで保釈を認めて良いのではないか，というような改革が連邦裁判所を中心として実践されてきています。

丹治　保釈金業者から保証金を借りるんじゃないですか。

丸田　そうです。しかし，全員が借りれる訳ではないです。

丹治　そのシステムはどうなっているんですか。

丸田　ベイル・ボンズマン（Bail Bondsman），つまり保釈保証金融資業者が，保釈で一番潤っているという事実もあるわけですね。儲けていなければ裁判所の前にあれだけ業者がいるわけがないのです。つまり，例えば500万円であれば50万円で保証を用意してくれる。

丹治　業者が没収されることもあるわけですよね。

丸田　ええ，もちろん。

丹治　リスクは持ってるわけ。

丸田　リスクは高いです。だから，バウンティ・ハンター（Bounty hunter）賞金稼ぎというか，彼らには保釈金踏倒し逃亡者（ベイル・ジャンパー）の逮捕権というか，要するに，その，逃亡者を捕まえて支払わせるということが認められている。また，警察も特に特別の任務を負った逃亡者逮捕連行捜査官（Fugitive Recovery Agent）を配置し，ベイル・ジャンパーを逮捕します。

丹治　現行犯ですよね。それは。

丸田　そうですね。だから，保釈保証金融資業者のグループが州議会とかに，政治的圧力グループとして，できるだけ保釈保証金のレベルを高額化しようと圧力をかけます。一方で貧困の人は，保証金を払えないが故に本来なら保釈を受けられる権利を享受できないという問題があって，州の立法府がそれに対応しようとすると，それに対してまた反対運動が起こったりしているわけです。

丹治　アメリカらしいですね。そこは。

春日　日本でも，2006年9月に，法務省がいわゆる刑事施設の収容人員の適正化プロジェクトという委員会を設置して，政策的に過剰収容の実体をどう改革していったらいいのかってことで，保釈の運用の見直しということも1つのテーマになって議論されています。

丸田　アメリカのおもしろいところは，日本のような代用監獄制度がないから，結局裁判を待つ間も，カウンティ・ジェイルと

いう拘置所に入れられるんですよね。で，しかも，その施設は劣悪です。プライバシーはもちろん，刑務所に比べたら比較にならないくらい制限されたものだと言われています。本当の刑罰に服するとそれなりの自由と規則正しい生活があるのでしょうけれど，何せ，仮の拘置所ですから，むしろその環境は，残酷な刑にあたるんじゃないかっていうくらいの不満や批判が出ているのです。ですから，保釈保証金融資業者のグループが州議会とかにそのような劣悪な勾留制度はやめて，保釈金を差し入れることで保釈を認めるべきだとの運動をしているという皮肉な現象もあります。

丹治 日弁連では，保証保釈金の貸付制度を作りたいということで，現在議論されているようですが，ドイツではどうですか。

斎藤 ドイツについてはそのような話はあまり聞きません。私の調査不足かもしれませんが。有価証券によるとか，保証小切手の提出というのが中心のようです。対象者が保釈保証金を支払えない場合は，他の手段によるべきとする改革案も示されていますが，変化はないようです。

丹治 それでね，保釈金以外のものを日本で考えるべきかどうかですが。

春日 そうなんです。その話として，貧困者の話が出ましたけど，英米法的に考えればね，いわゆるプリペイション・サービスっていうんですかね，いわゆる保釈金以外の方法で，つまり，まさに逃亡のおそれを保証できればいいわけですから，そういうシステムが日本で考えられるかどうかっていう，そういうことが常に議論されてき

ましたもんね。だから，そのあたりのことが，今後の課題というか。

斎藤 ドイツでは，いろいろと想定されているようです。例えば，刑訴法上で示されているのは，定時の連絡義務とか，住居指定とか，あと特定の者の監督下で住居を離れない旨の指示などが挙げられています。

丹治 特定の管理というのは，誰が監督するんですか。

斎藤 親族などですね。

丹治 警察署などに定期的に出頭してゆくというのはどうですか。

斎藤 はい。裁判官や刑事訴追機関が想定されています。具体的には，検察庁や警察署などが挙げられるでしょう。それとの関係で，電子監視も考えられるかもしれません。イギリスなどではかなり導入されているようです。諸外国では，定時に指定された場所にいることを証明するために，その場所に固定した機器による電子監視，あるいは家に通信機器を置き定時に架けたときに，その場所にいることを確認する方法などが考えられているようです。

春日 それはプライバシーの問題がある。

丹治 保釈制度の改革と合わせて，新たな拘禁代替措置の導入が議論されていますが，この場合においても被疑者・被告人は推定無罪の者ですから，当然に人権の尊重とその濫用が回避されねばなりませんね。

斎藤 日本では肯定的な見解もありますが，かなり争いがあるところだと思います。諸外国で共通しているのは，電子監視を行うためには対象者の同意が必要だという点だと思います。同意によって正当化してい

る部分があるのだろうと思います。

丹治 同意だけでよいでしょうか。

斎藤 同意しているから，プライバシーの問題は生じないというのはあるかもしれませんね。ただ，同意があったらすべての問題が解決されるのかというと疑問は残ります。

丹治 そりゃそうですね。

斎藤 対象者の身体にGPS方式の装置を装着するような方式だと，手続目的外の情報もいろいろと収集されることになると思います。そのような状態は，手続の確保という電子監視の目的と矛盾する部分があるのではないでしょうか。いずれにせよ，さらに議論が必要だと思います。少なくとも，身体拘束に比べて負担が少ないという理由だけで導入すべきではないでしょう。

丸田 今の点だけど，イリノイ州やニューヨーク州で実施されているのは足にはめる輪です。裁判官は，「あなたは足輪を付けることで保釈を認めるけれども，しかし行動範囲はここからここまでです」というふうな形で認める場合と，「家庭内だけに居ること・外出は禁止します」等の条件下で認められる場合です。だから家庭内から一歩でも出るとアラームが鳴って，直ちに収監という形の方法が取られます。

このような保釈方式は，結局，弁護権・防御権からいうと被疑者や被告人の家への訪問者は誰であれ，証人に対する威圧でも何でもないわけです。自分から被疑者や被告人に会いに出かけていくわけだから。で，弁護人はそういうふうにして必要な人物と被疑者や被告人と打ち合わせをさせたり，

防御権の実質化を図ることができる。他方，すごく大事なこととして，無罪推定に立てば，被疑者や被告人をやっぱり家庭を中心としたノーマルな生活に戻してあげることを非常に大事にするわけです。そうするのも，保釈が第1原則で，勾留が第1原則ではないからなのですよね。そこがやっぱり日本とはずいぶん考え方が違うなと思います。

斎藤 身体拘束をしないというのが，比例原則や無罪推定からみて最も望ましいというのであれば，やはり保証金以外の方法を充実させることが第一だと思います。問題は，その内容として，どのような方法でも許されるのかが問題になると思います。

春日 当局側からすればね，勾留に代えて，逃亡のおそれを防止するための方法でしかないわけですよね。ただ，先生がおっしゃったように，より自然な形で日常生活を送れるような，非常に人間的な生活の保障まで，はたしてそこに求めるのかっていうことですよね。私たちの立場とすれば，そこまでのことを求めて未決拘禁者の社会復帰支援の中の1つの位置づけとして，保釈が活かされているようにしたい。

斎藤 そのような側面はあるでしょうね。

春日 その意味では，保護観察官みたいな制度が定着していけばね，定期的にそこに行って，今こういう状況ですって報告をさせればいい。

丸田 そうですね，それで逃亡に対する抑止力にもなりますよね。

7 裁判員裁判と保釈の運用

丹治 時間的関係で，最後の課題として，裁判員裁判と保釈の運用について触れていただきたいと思います。

ご承知のとおり，この問題については大阪地裁令状部で総括をされていた松本芳希判事が，2006年にジュリストで論文を出しました。詳しく説明しませんが，現職の裁判官自ら保釈基準の厳格化を指摘された意味で，保釈運用の改善をめざしたものとして評価されました。

まずは，今後の動向も含めてこの点についてどうでしょうか。

斎藤 私は松本判事が示された方向性自体については問題ないと思います。現状としては，証拠や争点が従来の裁判よりも早い段階で特定されて，罪証隠滅の認定がより具体的になっているようです。近年の裁判例を見ても，罪証隠滅の対象についてもかなり細かく認定しています。このような状況自体は前進だと思います。ただ，やはり基本理念，保釈を支える原理について，防御権保障などの観点からとらえているかについては疑問が残ります。松本論文のような政策的な解決には限界もあるのではないかというふうにも思います。

丸田 評価すべき一歩だと思いますけど。

春日 松本論文は，裁判員裁判が導入された後，証拠の整理，争点の明確化によって，よりその罪証隠滅のおそれっていうことは，逆に言えば，はっきりされなきゃいけないということを言ってるわけですよね。だから，それをはっきりさせるってことは，相当具体的に示さなければ，許可せざるをえない。そういうことになるだろうという予測が立てられる。実際に裁判員裁判が導入されて以降，少しは保釈率が上がっているんですね。

斎藤 若干上昇しています。

丸田 そりゃ，やっぱり公判前整理手続っていう双方の証拠開示と，それによるやりとりがあるということが前提ですよね。

斎藤 それが前提です。それが無い場合にどうなるのかでしょうね。

丸田 それはまた別の問題になってくる。

丹治 ただ，裁判員対象事件は重い犯罪ですから，法89条1号がつく事案となるが，これまで許されてこなかった保釈が許可されてきたという意味は大きいですね。しかし一方でうがった見方をすれば，裁判員裁判を円滑に審理してゆくための政策的配慮も隠れていないのかと思います。そうだとすると，必ず揺れ戻しがくる。

丸田 そうですね。楽観してはいけない。

丹治 一般事件をどうしていくのかという問題もある。

丸田 今までも，軽微な事件でもなかなか保釈を認めないからね。

斎藤 本当はそのような現象は逆におかしいのですけどね。比例原則からいっても，逆転現象だといえるでしょう。

丹治 そこで，多くの裁判例を集積して緻密な分析を重ねることが課題として残されています。例えば，古い文献ですが，小瀬保郎裁判官が『捜査法大系Ⅱ（勾留・保釈）』の中で，56の判例を分析して権利保釈の除

外事由の解説をしています。
　このような地味な作業を弁護士と研究者が協力して果たしてゆくべきで，若い先生方に期待しましょう。
春日　私たちも改めて検討しましょう。
丹治　ところで，裁判員裁判対象事件の保釈の許否は，誰がするのでしょうか。受訴裁判所か，裁判官か。
斎藤　法280条によれば，公訴の提起後から第一回公判期日までは保釈の判断は裁判官が行い，受訴裁判所ではないことになっています。公判前整理手続期間中は，裁判官が判断するということになるでしょう。
丹治　そこにミスマッチが生じている。
　裁判員裁判では，公判準備手続で検察官が証明予定事実を明らかにし，争点整理をしたうえで，被告人側の主張明示がなされ，証拠決定まで終わらせるわけですから，受訴裁判所が保釈の許否を判断してよいし，その方が賢明でしょう。
　ここは保釈の問題としてぜひ検討しておくべきだと考えますが，とりあえずの問題提起です。

8　おわりに

丹治　座談会を終えて，2つの反省点が残ります。
　1つは，保釈に関する重要な課題，例えば外国人の保釈や再保釈の問題について議論できなかったことです。この点については，いずれ改めて議論をし，他日を期すことにしました。
　もう1つは，それぞれの意見はいずれも時間的制約があって，舌足らずであったり，あるいは表現上やや正確さに欠けるところもあるのではないかということです。この点については，もっぱら対談の進行役を担当した私の力量不足によるものです。自省を込めて，若干の補充をしておきます。

＊　＊　＊

　第1のテーマとした保釈の位置づけについては，それが憲法上の権利か刑訴法上認知された権利であるとみるかについては争いがあります。
　渡辺修「保釈の再構成」（『刑事裁判と防御』日本評論社，1998年）は，立法史を踏まえたうえで憲法上の権利であることを論証しています。春日教授とは視点が異なりますが，両者とも保釈を憲法上の権利にまで高めて解釈する必要性があるという点では共通しています。
　第2の起訴前保釈について，日弁連は，2007年9月「勾留・保釈制度改革に関する意見書」を公にし，裁判員裁判の実施までに「起訴前保釈制度の創設」を実現すべきであると提言しました。起訴前保釈を認めないという理論的根拠はなく，本書の中でも指摘してきたとおり，現行法が国際基準に反することも明白です。しかし議論は進みません。
　この座談会が行われたのは，2012年9月ですが，その後の同年10月30日に開かれている国の法制審議会「新時代の刑事司法制度特別部会」（第14回会議）において起訴前保釈の問題が取り上げられています。ここでも一部の学者から「（起訴前保釈の問

題は），取調受忍義務があるかという神々の争いというべき議論を正面からしなければならない話になるが，そこまで踏み込むのか」という発言がなされています。この点については，本座談会で斎藤准教授から明確な答えが出されています。

　もはや，先送りしない審議が求められます。

　第3の「権利保釈の除外事由」である「罪証隠滅のおそれ」について，光藤景皎教授は1963年という時代（この年，最高裁で松川事件の被告人全員の無罪が確定）に，「罪証隠滅のおそれによる勾留は保釈に親しまない。したがって，現行法上はこの理由を必要保釈の例外とした。そのために必要保釈の制度は，ほとんど無意味になってしまった」と批判しました（甲南法学3巻4号，のち『刑事訴訟行為論』成文堂，1974年）。それからすでに50年が経過しました。しかし，前記法制審議会においてもみるべき議論はなされていません。

　最後に保釈の条件に関して2点記しておきます。

　その1つは，アメリカの場合についてです。アメリカではどのような手続の過程においても裁判官による保釈がなされますが，州によっては警察が保釈を承認することがあります。この場合，裁判官が事前に各犯罪について保釈金の金額を決定するための一覧表を作成しており，これによって裁判所への最初の出頭を待つことなく保釈されるようです。この点について，アメリカの教科書で資料A-1のように解説されています。訳出したので参考にしてくださ

い。

　なお，宣誓書による釈放とあるのは，多くの州では，法律によって治安判事または裁判官は「誓約書付き保釈」（ROR）によって被告人（被疑者）を解放しますので，これも保釈ですが，金銭的保釈ではありません。ただし，法廷に出頭しなかった場合には，逮捕状が発付されることになります。

　2つめは，保釈条件としての電子監視を導入することの可否です。私はわが国への導入に慎重な立場に立ち，斎藤准教授の話の腰を折った感があるので，詳しくは同准教授の「被疑者・被告人に対する非拘禁措置」（刑事立法研究会『非拘禁的措置と社会内処遇の課題と展望』現代人文社，2012年）を挙げておきます。

　また，春日教授が指摘された保釈条件の遵守を確保するための社会的支援あるいは生活環境の整備を考えてゆくべきであるという視点は，今後の重要な課題です。この点については，例えば葛野尋之「保釈決定手続の改革と保釈促進のための社会的援助」（福井厚『未決拘禁改革の課題と展望』日本評論社，2009年）が1つの参考となろうと考えます。　　　　　　　　　【丹治】

第3部　保釈の課題と展望【座談会】

［資料A-1］　刑事手続の記述（アメリカの教科書より）

保　釈

　多くの事案，特に重大ではない事案は，有罪の答弁，司法取引を通じて，または嫌疑が無く，完全に釈放されることで，初回出頭の段階で終結する。しかし，事件がこの時点で処理されない場合，被逮捕者は拘置所に送り返されるか，あるいは治安判事によって決められた額の保釈金を支払うことが許されるか，あるいは宣誓書に基づいて釈放される。特に重大な犯罪で有罪証拠が強い場合には，保釈が拒否される場合もある。

　当該犯罪が単なる軽罪の場合，大多数の裁判所は保釈金一覧表を利用する。被逮捕者は，治安判事に会わずに，警察官または裁判所書記官に対して金額一覧表で指定された額の保釈金を支払うことができる。被疑者・被告人にかけられた重罪の嫌疑の証拠が十分でない場合，および，当該犯罪が保釈可能であり保釈金額が定まっていない場合には，治安判事が金額を決定することになる。軽罪事件または重罪事件における保釈金の額は，通常，その時点で治安判事に確認されている事実に照らして決定される。それには，罪質および犯罪の重大性，被疑者の前科および州外への逃亡の可能性が含まれる。保釈は絶対的権利ではない——有罪の証拠が有力な死刑事件においては，保釈が拒否されることもある。

　治安判事による保釈金の決定は，当該事案がこの段階まで達した時は，通常，逮捕において警察の関与を終了させる。保釈は一般的には裁判所によって決定されるにもかかわらず，軽犯罪に関しては警察が保釈を承認することを許している管轄も存在する。保釈金の額は治安判事によってあらかじめ決められている。

ROLAND.D.DELCARMEH「CRIMINAL PROCEDURE」〈8ᵀᴴ EDITION〉

［資料A-2］　アメリカにおける保釈金一覧表の例
① 日本語タイトル　　カリフォルニア州上位裁判所（オレンジ郡）2013年統一保釈金額一覧（重罪および軽罪）
② 英文タイトル　　2013 UNIFORM BAIL SCHEDULE（Felony and Misdemeanor），SUPERIOR COURT OF CALIFORNIA, COUNTY OF ORANGE
③ 簡単な説明　　この資料は，カリフォルニア州上位裁判所の裁判官会議で承認され，同州刑法1269bに従って作成された重罪および軽罪に対する保釈金の一覧表であり，2013年1月1日に同州オレンジ郡の保釈担当者，すなわち同州同郡の治安判事および警察官に対して交付された資料である。個別犯罪類型に応じた保証金額が事細かに定められている。
④ キーワード　　「保釈金」「保釈金一覧」「アメリカ」「オレンジ郡」ほか。

＊なお資料A-2は法律文化社のサイトに掲載した。

第3部 保釈の課題と展望【座談会】

[資料B] 保釈金額調査

	通常第1審における保釈金の調査（平成23年度）		
	罪　名	保釈決定日 （平成　年　月　日）	保釈金額 （万円）
1	覚せい剤取締法違反	23. 2. 10	180
2	薬事法違反	23. 2. 10	200
3	窃盗，住居侵入	23. 2. 17	200
4	自動車運転過失傷害，道路交通法違反	23. 2. 23	250
5	脅　迫	23. 3. 3	100
6	窃　盗	23. 3. 22	150
7	強制わいせつ	23. 3. 8	150
8	業務上横領	23. 3. 22	150
9	恐喝未遂	23. 4. 1	300
10	恐喝未遂	23. 4. 1	300
11	傷害，暴力行為等処罰に関する法律違反	23. 4. 1	200
12	自動車運転過失傷害，道路交通法違反	23. 4. 14	150
13	道路交通法違反	23. 4. 20	100
14	電磁的公正証書原本不実記録，不実記録電磁的公正証書原本供用	23. 4. 28	300
15	窃　盗	23. 4. 28	120
16	覚せい剤取締法違反	23. 5. 30	200
17	傷　害	23. 6. 9	200
18	傷　害	23. 6. 16	150
19	出資の受入れ，預り金及び金利等の取締りに関する法律違反，貸金業法違反	23. 6. 17	200
20	覚せい剤取締法違反	23. 6. 20	200
21	大麻取締法違反	23. 6. 23	150
22	覚せい剤取締法違反	23. 7. 12	300
23	①盗品等有償譲受 ②覚せい剤取締法違反	23. 7. 13	①200 ②100
24	売春防止法違反，組織的な犯罪の処罰及び犯罪収益の規制等に関する法律違反	23. 7. 14	150
25	威力業務妨害	23. 7. 25	150
26	業務上横領	23. 8. 9	300
27	公衆に著しく迷惑をかける暴力的行為等の防止に関する条例違反	23. 8. 12	200
28	公衆に著しく迷惑をかける暴力的不良行為等の防止に関する条例違反	23. 9. 5	300
29	建造物侵入，古物営業法違反	23. 9. 5	150
30	覚せい剤取締法違反	23. 9. 8	200

31	窃　盗	23. 9. 9	150
32	自動車運転過失傷害，道路交通法違反，道路運送車両法違反等	23. 9. 20	150
33	傷害，道路運送法車両法違反等	23. 9. 30	250
34	道路交通法違反	23. 10. 5	500
35	強　盗	23. 10. 5	300
36	公衆に著しく迷惑をかける暴力的不良行為等の防止に関する条例違反	23. 10. 20	100
37	覚せい剤取締法違反	23. 10. 21	150
38	覚せい剤取締法違反	23. 10. 25	150
39	傷　害	23. 10. 26	200
40	詐　欺	23. 10. 26	250
41	出資の受入れ，預り金及び金利等の取締りに関する法律違反	23. 10. 27	200
42	詐　欺	23. 11. 7	200
43	恐喝，傷害	23. 11. 7	180
44	詐　欺	23. 11. 11	250
45	詐　欺	23. 11. 11	250
46	詐欺未遂	23. 11. 18	400
47	詐　欺	23. 11. 21	220
48	窃　盗	23. 11. 29	350
49	詐　欺	23. 11. 29	1000
50	廃棄物の処理及び清掃に関する法律違反，組織的な犯罪の処罰及び犯罪収益の規制等に関する法律	23. 12. 2	700
51	詐欺未遂	23. 12. 16	150
52	盗品等有償譲受	23. 12. 22	250

　弁護士法人ひょうごパブリック法律事務所および弁護士法人大阪パブリック法律事務所において取り扱いした事件について，平成21年7月から平成24年7月までのデータをいただいたうち，平成23年度のみを一覧表にした。ご協力に心から御礼申し上げます。
　なお，両事務所の性格上，国選事件が多く，被告の資力が低いこと，弁護士の技量が高いことによって通常より低い保釈金が決定されていると思われる。

【執筆者紹介】　＊は編者

＊丹治　初彦（たんじ　はつひこ）　弁護士（兵庫弁護士会），神戸学院大学名誉教授

丸田　隆（まるた　たかし）　関西学院大学法科大学院教授

春日　勉（かすが　つとむ）　神戸学院大学法学部教授

斎藤　司（さいとう　つかさ）　龍谷大学法学部准教授

Horitsu Bunka Sha

保　釈
── 理論と実務

2013年7月15日　初版第1刷発行

編著者　丹治　初彦
発行者　田靡　純子
発行所　株式会社　法律文化社

〒603-8053
京都市北区上賀茂岩ヶ垣内町71
電話 075(791)7131　FAX 075(721)8400
http://www.hou-bun.com/

＊乱丁など不良本がありましたら，ご連絡ください。
　お取り替えいたします。

印刷：亜細亜印刷㈱／製本：㈱藤沢製本
装幀：前田俊平
ISBN 978-4-589-03535-6
Ⓒ 2013 Hatsuhiko Tanji Printed in Japan

JCOPY　〈(社)出版者著作権管理機構　委託出版物〉

本書の無断複写は著作権法上での例外を除き禁じられています。複写される
場合は，そのつど事前に，(社)出版者著作権管理機構（電話 03-3513-6969,
FAX 03-3513-6979, e-mail: info@jcopy.or.jp）の許諾を得てください。

中川孝博・葛野尋之・斎藤 司著
刑事訴訟法講義案〔第2版〕
B5判・238頁・2835円

情報量を抑えて要点を例挙し，基本的な論理の流れや知識間の関連づけを整理した講義パートと，そこで得た知識を定着させるための短答パートからなるテキストの改訂版。『判例学習・刑事訴訟法』との相互参照も充実。

内田博文編
歴史に学ぶ刑事訴訟法
A5判・310頁・2940円

判例のもつ問題・射程・意義を歴史的，憲法理念的視点から検証することで，あるべき法解釈にむけての課題を提示。既存の理論を批判的に考察することで，新たな課題を発見・分析・解決する思考法を涵養する。

木谷 明著
刑事裁判の心〔新版〕
―事実認定適正化の方策―
A5判・296頁・3780円

元刑事裁判官としての著者の基本的姿勢や考え方，実務の現状への認識とその改善策，学説に対する実務的な観点からの提言，弁護士活動への期待等をわかりやすい文体で論述。「富士高校放火事件」に関する記述を大幅に書き改めた新版。

木谷 明著
刑事事実認定の理想と現実
A5判・258頁・3570円

近年相次いで明るみにでた冤罪事件。裁判員制度の下で，冤罪は防ぐことができるのか。実務の観点から，刑事裁判の実情と適正化への方途を説得的に展開する。理想の裁判実現を願う元裁判官からのメッセージ。

村井敏邦・後藤貞人編
被告人の事情／弁護人の主張
―裁判員になるあなたへ―
A5判・210頁・2520円

第一線で活躍する刑事弁護人のケース報告に，研究者・元裁判官がそれぞれの立場からコメントを加える。刑事裁判の現実をつぶさに論じることで裁判員になるあなたに問いかける。なぜ〈悪い人〉を弁護するのか。刑事弁護の本質を学ぶ。

浅田和茂・葛野尋之・後藤 昭・高田昭正・中川孝博編集委員
改革期の刑事法理論
―福井厚先生古稀祝賀論文集―
A5判・568頁・14700円

「未決拘禁制度改革の理論」を中心に，「刑事訴訟法・警察法」「刑法・刑事政策」にも目配りし，刑事司法改革を総合的に考察。裁判員裁判を機に激動する実務を踏まえ，新時代の刑事法理論の来し方行く末を批判的に論じる。

―法律文化社―

表示価格は定価（税込価格）です